KB140124

북한이주민과 건강 내러티브

남북한 문화비교 총서

북한이주민과 건강 내러티브

전주람 | 배고은 | 손지혜

　남북한 문화비교 연구총서는 학계에만 국한되는 연구물에 대한 아쉬움으로부터 탄생하였습니다. 2020년 여름, 대표 저자 전주람은 학회지라는 짧은 지면에 생생한 북한이주민들의 증언을 담아내는 작업이 한창일 때였고, 우연한 기회에 한국학술정보 출판사의 학회지를 단행본으로 엮는 것에 관한 뜻깊은 광고를 보게 되었습니다. 이러한 간절한 마음은 2020년 7월 서울시립대학교에서 한국학술정보 이강임 팀장과의 만남을 성사시켰고, 우리 둘은 그간 정치와 경제, 사회문제에 대해 쏟아졌던 딱딱한 북한 관련 총서에서 벗어나 북한이주민들의 생생한 증언을 제시하는 방식의 남북한 문화비교 연구총서를 엮는 일이 보다 의미 있는 일일 수 있겠다는 확신에 차게 되었습니다. 전주람은 2014년부터 북한이주민들의 심리 사회적 자원 연구를 시작으로 가족관계와 문화, 복지, 직장생활, 정체성 및 연애와 성과 사랑 등에 이르기까지 다양한 영역에서 연구를 주로 현장에서 인터뷰 방식으로 진행하였으므로, 그 내용을 남북한 문화비교 총서로 엮는다면 보다 많은 독자들이 쉽게 책을 접할 수 있을 것으로 판단했습니다.

　남북한 문화비교 총서는 기존의 권력 구조의 변화, 엘리트의 변동, 노선 및 정책의 변화 등과 같이 상부구조나 거시구조의 변화에 주로 분석의 초점이 맞추어져 있던 다수의 북한연구물들과는 달리, '일상생활(daily life)'의 연구 영역을 주된 관찰 현장으로 삼아 미흡한 북한이주민들의 일상생활이 어떠한지 자세히 보여줄 것입니다. 또한 이 책은 인간의 삶에서 가장 중요한 '건강' 관련 이슈를 깊이 탐색하는 것을 시작으로 북한거주 시 건강 관련 지원체계, 탈북과정에서의 여성들의 건강문제, 탈북여성들의 인권, 권리 및 성인식 등 신체적, 심리적 및 관계적 영역을 전방위적으로 폭넓게 이해함으로써 사고의 지평을 확대할 것입니다. 이를 통해 기존의 북한이주민에 관하여 고정되어 온 부정적 편견과 고정관념을 걷어내고, 그들을 새로운 관점에서 바라봄으로써, 북한이주민이 누구인지에 관한 인식제고의 전환점과 담론을 제공해 줄 것이라 기대합니다. 또한 남한 출신 국민들이 북한이주민들을 이해하는 데 쉽게 다가가고 다름을 이해할 수 있는 좋은 주제로, 궁극적으로 향후 남북한의 사회문화적 통합에 중요한 기초자료로 활용될 수 있을 것으로 기대합니다.

프랑스 철학자 앙리 르페브르(Henri Lefebvre)는 일상생활을 인간의 전체성 관점에서 설명하였습니다. 자세히 보면, 인간은 욕구의 차원, 노동이라는 차원, 놀이와 즐거움을 찾는 존재 세 가지 차원으로 파악되며, 이 세 가지 요소가 유기적인 관계로 통합될 때에만 비로소 인간의 참된 모습이 현실화된다는 것입니다. 즉 인간이 생존하기 위해서는 모든 물질적 신체적 욕구가 충족되어야 하고, 동시에 그의 욕구를 충족시키기 위하여 일하지 않으면 안 된다고 언급한 것입니다. 일상생활 연구는 앙리 르페브르(Henri Lefebvre)의 말을 빌리자면 일상을 다루는 것이 결국 일상성을 생산하는 사회, 우리가 살고 있는 그 사회의 성격을 규정짓는 것이므로 진지한 연구 대상이 되어야 마땅합니다. 다소 일상이 매일 되풀이 되는 삶, 보잘것없이 보이는 일상, 지루한 업무, 언제나 반복되는 사람과 사물들로 가득 차 있을지라도, 중요한 사실은 어떠한 사건들도 일상의 바탕 없이는 어떠한 일도 일어나지 않기 때문입니다. 이처럼 일상생활 연구는 사회 전체에 대한 평가와 개념화를 함축하므로 일상성을 하나의 개념으로만이 아닌 '사회'를 알기 위한 실마리로 간주하는 데 중요성이 있습니다. 따라서 남북한 문화비교 총서에서 북한이주민들의 일상생활 모습을 전방위적으로 깊이 탐색하는 것은 사회문화적 통합의 영역에서 매우 중요할 뿐 아니라 실천적으로 매우 긴요한 일이라 할 수 있겠습니다.

총서 시리즈물의 네 번째 편인 '건강'편은 가족학이라는 미시체계를 연구하는 전주람의 학문적 토대를 기초로 북한이라는 영역으로 그 학문의 영역을 확장하여, 인간의 사회현상에 관해 면밀한 관찰력을 지닌 사회학자 배고은, 손지혜 박사님과 함께 북한이주민들의 건강 관련 이슈에 주목하였습니다. '일상생활'이라는 익숙하고도 낯선 단어를 북한이주민들과 엮어볼 때 어떠한 방식으로 풀어낼지에 관한 고민과 숙의의 과정에서, 그들의 일상 그대로를 생생한 언어로 구술하는 일이 보다 쉽게 독자들이 이 책의 내용을 이해할 수 있게 되리라 판단했습니다. 그 숙고의 여정 안에서, 연구자는 '건강'이라는 키워드를 중심으로 지식과 현장 인터뷰 내용을 포함하여 집필하였습니다. 이 주제들은 이 책에서 두 편의 구조로 전개될 것입니다.

1부에서는 탈북여성들의 건강관련 연구에서 탈북여성들의 연령, 가족형태, 심리관계적 상태 및 경제적 여건 등 인구사회학적 변인에 따라 그들이 자신의 건강 문제에 어떻게 대처해 나가는지에 관해 논의하였습니다. 구체적으로 그들의 심신 회복과 관련하여 산부인과 개입과 근골격계 질환, 정형외과, 치과 진료 등에 관해서도 세부적으로 다루었습니다. 아울러 가족을 둘러싼 친구와 이웃, 경제적 여건과 거주지역 등 환경적 측면도 그들의 건강에 어떠한 영향을 주는지 살펴보았습니다.

2부에서는 건강이란 개념을 필두로 탈북여성들이 북한에서 어떻게 자신의 건강을 지켜왔는지, 그들의 인식에 초점을 두어 북한 사람들이 인식하는 건강의 개념과 그들이 자신의 건강을 지켜나가기 위한 방법들을 사례로 살펴보았습니다. 아울러 탈북과정과 남한에 적응하는 과정에서 여성들이 겪게 되는 신체적 상해와 우울, 불안과 트라우마 등 심리적 현상들을 증언을 통해 살펴봄으로써 그들을 보다 깊이 이해해보고자 하였습니다.

이 이야기는 참여자들이 한국사회에서 어떻게 자신들의 건강을 돌보고 유지해나가야 하는지에 관해 고민하며, 그러한 역경을 극복하기 위해 어떠한 자원을 활용하며 살아가는지에 관해 증언한 내용이기도 합니다. 그들의 증언을 통해 사회적 낙인의 대상이 되어온 북한이주민들의 삶에서 전개되어온 욕구와 힘, 내면의 힘을 살펴볼 수 있었습니다. 이를 통해 북한이주민들 개인에게 가장 중요한 건강이라는 이슈에서 벌어지는 여러 현상들을 살펴볼 수 있었습니다. 이는 북한이주민들의 건강 관련 이슈에 관한 일상의 모습이 어떠한지 살펴봄으로써 일상 사건의 이해를 통해 그들이 속한 사회를 이해하는 실마리가 될 수 있고, 나아가 남북인이 조화롭게 어울릴 수 있는 일상문화를 찾아 나가는 데 기초자료가 될 것이라고 확신합니다.

2024년 4월

전주람 · 배고은 · 손지혜

일러두기

· 이 책에서 증언한 북한이주민들은 모두 연구의 취지와 목적에 동의한 자들입니다.
연구자는 사전면담 동의절차를 거쳐 연구를 수행하였으며 일부 내용을 독자 여러
분들과 공유합니다. 아울러 이 책에 실린 모든 이름은 가명 처리하였음을 밝힙니다.

· 북한사회 및 북한이주민들의 건강 관련 연구에 흔쾌히 동참해주신 연구참여자
들에게 깊은 감사의 마음을 전합니다.

배고은 · 손지혜

1부

북한이주여성과
건강

○

1부에서는 건강에 대한 총체적인 정의를 통해 건강 전반에 대한 이해를 도모하고, 사회적 · 환경적 요인이 북한이주여성들의 건강에 어떠한 식으로 영향을 미치는지 북한의 열악한 의료지원체계 안에서의 거주 시점, 탈북과정, 남한 입국 후에 걸쳐 드러나는 건강 문제에 집중하여 살펴보고자 한다.

1부에 참여한 탈북여성들은 만 49~67세(인터뷰 당시 나이)로 남한에 입국한 지 5년 이상 지났으며, 2021년 2월 1일부터 2021년 3월 2일에 걸쳐 진행한 인터뷰의 주요 내용을 기술하였다. 10명 중 5명은 북한 거주 시부터 탈북과정에 걸쳐 지속된 영양불균형으로 만성적인 위장 질환을 앓고 있었으며, 유산 경험이 있는 5명 중 3명은 여성 생식기계 질환으로 정기적인 병원 진료를 받고 있었다.

그녀들은 붕괴된 북한의 의료지원체계에서 제3국으로의 탈출, 남한 입국이라는 특수한 상황을 경험하면서 남한 국민과는 다른 건강 행위 및 의료서비스 이용 방식을 내면화하고 있었다. 연구참여자들의 일반적인 특성은 다음과 같다.

참여자 일반적 특성

참여자	유산 경험	직업	일인 월 소득 (만 원)	근무 시간	질병력
1	유	식당 보조	150 ~200	48시간/주	늑골골절, 관절염, 위염
2	무	생산 업체 안전 관리 책임자	250 ~300	52시간 이상/ 주	갑상선기능저하증, 위염, 대상포진, 질염, 편도절제술
3	유	생산직 교대근무	250 내외	50시간/주	위식도역류 질환, 질염
4	무	빌딩 청소	100 내외	20시간/주	유방암, 위염, 질염
5	유	생산직 교대근무	250 ~300	50시간/주	난소낭종, 골반염, 위염, 급성 신우신염
6	무	자영업	250 ~300	계절에 따라 다름	척추측만증, 난소낭종, 갑상선, 골다공증
7	유	요양 보호사	130 ~150	40시간	손목 관절염, 치주질환염, 만성 장염
8	무	공공 기관 청소	150	20시간	골다공증, 관절염, 치주질환염, 납중독
9	무	은퇴	140	0	당뇨, 뇌경색 (회복 중)
10	유	가사 도우미	250	54시간/주	전자궁절제술, 관절염, 이석증

1장 건강의 이해

1장에서는 '신체적 · 정신적 · 사회적 측면'에서 건강을 어떻게 정의 내리고 있는지 건강에 영향을 미치는 다양한 요인[1]을 살펴보고, 건강을 총체적인 측면에서 이해하고자 한다.

1. 건강의 개념

건강에 대한 대중들의 보편적인 견해는 물리적으로 이상이 없는 신체적 건강을 주로 생각한다. 그러나 세계보건기구(WHO)에 의하면 건강은 좀 더 포괄적인 범위에서 정의 내릴 수 있다. WHO 는 건강을 '*단순한 질병이나 신체적 쇠약함의 부재만을 의미하는 것이 아니라 총체적인 신체적 · 정신적 · 사회적 안녕감의 상태*'로 정의한다. 즉 건강은 단순히 신체가 병들지 않고, 오래 사는 것만을 의미하는 것이 아닌 개인의 삶의 질을 높이기 위해 사회적 · 정신적 안녕감을 포함하는 '총체적인 상태'를 말한다.

이를테면 건강은 신체적 건강과 정신적 건강, 사회적 건강이 서로 분리되어 있는 것이 아니라 밀접하게 연결되어 있으며 중첩되어 있다. 이러한 측면에서 건강이란 개인적 특성뿐만 아니라 사회적 교류 그리고 개인을 둘러싼 주변과의 상호작용에 의해 영향을

---

1 1부의 1장과 2장은 [한국여성학회] 2023 춘계학술대회 〈재난 · 위기 이후의 페미니스트 정치학: 생존, 돌봄, 저항〉의 발표문 「남한사회 적응과정에서 북한이탈여성의 정신건강문제」(배고은, 2023)를 토대로 재구성하였음을 밝힌다.

받는다고 볼 수 있다. 따라서 건강을 제대로 이해하기 위해서 사회 구조와 역사적 상황에 따른 변화를 고려하는 것이 필요하다(김종백, 2018).

이처럼 건강에 대한 우리의 생각은 시대적 흐름과 그 사회의 환경(구조, 제도, 문화 등)에 영향을 받는다. 과거에는 단순히 기대수명이 길면 건강하다고 보았지만, 지금의 시대에서 건강하다는 것은 몸과 마음의 질병이 없는 기대수명과 건강수명 둘 다 높은 상태를 의미한다. 단순히 개인의 생물학적인 특성만을 가지고 건강한지를 판정하는 것이 아닌 개인을 둘러싼 사회적 관계, 제도적 지원에 따라 총체적 건강상태를 보고 있다. 그렇다면 우리는 건강을 어떻게 정의할 수 있을까? 건강을 종합적으로 이해하기 위해 신체적 · 정신적 · 사회적 건강으로 구분하여 살펴보고자 한다.

'신체적 건강'은 사람들이 보편적으로 인식하고 있는 건강의 한 측면으로 물리적으로 손상된 신체를 치료하는 과정이 중시된다. 의료기술의 발달과 건강에 대한 관심은 기대수명 증가와 앞으로 암과 같은 질병의 치료제 개발로 이어지고 있지만, 서구식 식습관과 생활양식의 변화는 아토피피부염, 고혈압, 당뇨 등과 같은 만성질환 유병률을 증가시키고 있다.

매슬로(Maslow)의 욕구이론에 의하면 인간은 가장 원시적인 생리적 욕구를 충족한 이후 점차 자아실현의 욕구를 향해 삶의 지향

점을 옮겨간다. 이는 신체건강과 정신건강의 관계에도 적용시켜
볼 수 있는데 산업화와 정보화에 따른 의료기술의 발전은 신체적
질병의 정복을 가져왔고, 그 안에서 인간은 행복 추구와 만족감을
높이기 위해 인간의 내면에 더 큰 관심을 두게 되었다. 이로 인해
정신건강에 대한 관심과 중요성이 크게 대두되고 있다.

김중백(2018)은 '정신건강'을 *'정신적으로 병적인 증세가 없으며
환경에 대한 적응력을 가지고 일상생활이 가능한 성숙한 인격체를
갖추고 있는 상태'*로 정의한다. 다시 말해 정신건강은 우리를 둘러
싸고 있는 사회적 · 환경적 요인에 의해 만들어진다(Bryant, 2009).
유전적인 요인 외에도 정신건강을 결정하는 요인 중 하나는 사회
경제적 환경, 물리적 환경 및 개인의 특성과 행동이다(김중백, 2018).
따라서 정신건강을 이해하기 위해서는 개인이 속해 있는 사회구조
와 시대적 상황을 고려하여 복합적으로 파악하는 것이 필요하다.

'사회적 건강'이란 '인간은 사회적 동물이다'라는 기본관점을
토대로 인간이 어떻게 사회적 관계를 맺고, 타인에게 영향을 주어
신체적 · 정신적 지지로 이어지는지를 건강의 요소로 해석한 개
념이다(김중백, 2018). 사회적 건강의 근원은 초기 자본주의 발달 과
정에서 기계화로 인한 임금 하락과 장시간 노동에 대한 마르크스
(Marx)의 '인간소외'에서 찾아볼 수 있다. 이는 더 많은 성과와 임금
을 쟁취하기 위한 노동자들의 경쟁이 사회적 관계를 단절시키고,
삶의 질을 낮춰 결국 사회적 건강이 위협받을 수 있음을 뜻한다.

즉 인간은 타인과의 사회적 관계를 통해 심리적 지지를 받고, 건강 행위에 대한 정보 및 사회의 규범과 지식, 문화 등을 습득한다. 사회적 건강 수준이 높다는 것은 이를 통해 신체적·정신적 건강의 증진으로까지 이어질 수 있음을 의미한다. 최근에는 과학기술의 발달로 SNS를 통한 소통이 활성화되면서 사회적 관계의 범위가 다양해지고, 이를 통해 형성되는 상호작용이 점차 개인의 삶에 확대 적용되고 있다. 이러한 측면에서 사회적 건강은 건강의 구성요소에 있어 명확히 구분되는 개념이라기보다 정신적 건강과 신체적 건강에 영향을 주고받는 상호 보완적인 측면을 가지고 있다.

그러나 이러한 잣대는 모든 이에게 적용되는 것은 아니다. 북한이주여성들의 경우 분단이라는 역사적 상황에도 불구하고 같은 뿌리로 인정받지 못하고 외로운 이방인으로 건강 불평등의 상황에 놓여 있다. 과거에 비해 의료기술이 발달하고 건강 수준이 향상되었지만, 독립적인 경제활동이 쉽지 않고 정보의 접근성과 수용성이 낮은 북한이주여성들의 경우 의료기술의 혜택과 사회적 지원의 가장 낮은 단계에 머물러 있는 실정이다.

예를 들면 북한이주여성들의 경우 대부분 탈북하는 과정에서 충격적인 외상 사건으로 인해 신체적·정신적 어려움을 경험하고 있다. 인간은 타인과의 사회적 관계 형성을 통해 건강과 관련된 다양한 정보를 습득하고 심리적 지지를 받는다. 하지만 북한이주여성들의 경우 외상 사건으로 인해 사람을 쉽게 믿지 못하고, 혈혈단신으로 남한에 입국하다 보니 사회적 관계 형성이 쉽지 않은 것이 현실이다. 사회적 건강 수준이 낮다는 것은 이를 통해 신체적·정신적 건강의 증진으로까지 이어지기 쉽지 않다는 것을 의미한다. 이러한 측면에서 북한이주여성들의 총체적인 건강 수준은 낮을 것으로 사료된다.

2. 건강 영향 요인

유전적 소인은 신체적 건강을 결정하는 중요한 요인이지만, 이는 절대적인 것이 아니다. 개인의 생활양식이나 특성은 선천적인 요인 외에도 후천적 요인(사람과 사회의 상호작용, 근로환경 등)에 영향을 받으며 이는 건강 수준을 결정한다. 건강의 '사회적 결정요인 관점'에 의하면 개인의 건강은 사회경제적 지표에 영향을 받으며, 개인의 사회계급이나 생활 조건은 건강 수준과 결과를 예측하는 주요 요인으로 작용한다(Marmot and Wilkinson, 2005).

이를 정신건강에 적용시켜 보면 크게 다르지 않다. 정신건강은 개인이 속해 있는 사회 내의 위치와 사람들과의 관계에 밀접한 영향을 받으며 사회적 환경과 조건에 의해 결과를 예측할 수 있다는 점에서 신체적 건강과 정신적 건강은 상호 독립적이면서도 중첩되어 있다(정슬기·김지선, 2021). Wilkinson and Pickett(2019)의 연구에서는 가난한 국가에 비해 부유한 선진 국가의 정신질환 비율이 증가하고 있다고 보고한 바 있다. 이는 사회·경제적 지위가 개인의 정신건강과 밀접하게 연관되어 있으며, 경제적으로는 안락하지만 오히려 정신건강은 피폐해질 수 있다는 역설적인 측면을 내포한다. 즉 정신건강은 유전적 소인만으로 예측되고 결정되는 것이 아닌 사회적 · 환경적 위험 요인에 의해 증상의 발현이나 증상이 악화될 수 있음을 보여준다.

유사한 맥락에서 Fisher and Baum(2010)은 높은 사회적 · 경제적 지위를 가진 계층에서 더 나은 정신건강을 기대할 수 있다고 보고한다. 이는 소득, 경제적 안락함, 고용 상태, 직업, 교육 수준 등이 정신건강과 밀접하게 연관되어 있음을 보여준다. 예를 들어 Hoebel et al.(2017)은 교육 수준이 높을수록 정신건강에 대한 정보의 접근성과 수용성은 비례하며, 다양한 자원의 이용을 통해 더 나은 정신건강을 성취할 수 있다고 설명한다. 그 밖에도 고용 상태와 소득 수준은 정신건강의 수준을 예측하는 중요한 요인으로 국내의 연구에 따르면 소득이 높은 직업을 가진 사람의 경우 그렇지 않은 사람들에 비해 우울증 유병률이 낮은 것으로 보고하고 있으며(문진영 · 강상준, 2020; 송나경, 2020), 국외 연구에서도 소득 수준이 낮을수록 우울을 경험할 경우가 더 높은 것으로 보고한다(Riolo, 2005; Zimmerman and Katon, 2005; Osafo Hounkpatin et al., 2015). 이는 소득 수준이 높을 경우 더 많은 사회적 특권을 누릴 가능성이 있으며, 소득 하위 계층에 비해 더 나은 노동환경에서 일할 경우가 많기 때문에 상위 소득계층이 하위 소득계층에 비해 더 나은 정신건강을 보이는 것으로 짐작된다(Hoebel et al., 2017).

한편 Zimmerman and Katon(2005)의 연구에서는 정신건강과 사

회적 요인들과의 관계에 있어 소득 자체보다는 '고용 상태'와 '경제적 어려움'이 더 크게 영향을 미치는 것으로 보고한다. 이는 직장 내에서의 과도한 업무 부담이나 업무 자율성의 정도, 보상 정도 등을 포괄하는 '고용의 질'과 '고용 안정성'이 정신건강에 주요한 영향을 미친다는 국내의 연구와도 상응한다(유정원 · 송인한, 2016; 권지혜 · 김민영, 2020; McGregor and Holden, 2015).

정신건강에 영향을 미치는 요인으로 '사회적 관계'는 친구나 지인을 통해 정보공유를 받거나 정서적으로 도움을 받는 '사회적 지지(social support)', 종교행사나 사회 봉사활동 등을 통해 사회적 교류를 행하는 '사회적 참여', 구성원들과 공유된 제도, 규범, 신뢰 등이 개인의 이익을 위해 사용되는 무형의 자산인 '사회적 자본(social capital)'이 있다. 인간은 타인과의 상호작용을 통해 스스로를 규정하고, 그 안에서 존재의 의미를 갖는다. 자본주의의 확대와 전통적 신분제의 철폐는 교류의 범위를 넓히고 있으며, 사회적 관계의 범위가 점차 확장되고 다양해짐에 따라 사회적 관계가 정신건강에 미치는 영향은 점차 커지고 있다.

생물학적인 관점에서 '사회적 관계'는 성장호르몬 촉진을 통해 신체적 건강과 정신적 건강에 긍정적인 영향을 미친다. 또한 타인과의 사회적 관계는 개인의 건강 관련 행위를 장려하고 타인과의 사회적 교류를 통한 심리적 지지는 개인의 정서적인 상태에 긍정적인 영향을 미침에 따라 정신건강 증진에도 기여할 수 있다.

이 외에 정신건강의 환경적 결정요인을 살펴보면 열악한 주거환경(주거비 부담, 잦은 이사, 물리적 주거환경 등)은 정신건강을 위협하는 요인으로(Compton and Shim, 2015; Baker et al., 2020) 보고되고 있다. 최근 한국사회의 높은 부동산 가격으로 쪽방촌, 고시촌에 거주하는 1인 가구의 정신건강에 대한 사회적 문제는 큰 이슈였다. 잦은 이사나 경제적 어려움으로 인한 '불안정한 주거환경'은 안정적인 사회적 관계 형성의 장애물로 작용할 수 있으며, 일과 학교생활, 자녀 양육에 있어 과도한 스트레스를 양산할 수 있다(Suglia et al., 2015).

종합적으로 정신건강 문제를 개인과 가족 중심으로 탐색했던 기존의 흐름에서 탈피해 다양한 사회·환경적 요인을 파악하는 것은 정신질환의 발병을 사전 예방하고 정신건강 증진을 통해 사회적·경제적 비용을 완화할 수 있다는 점에서 유의미하다. 따라서 정신건강에 영향을 미치는 다양한 사회적·경제적·환경적 요인을 반영한 연구들이 필요하며 정신건강에 대한 지속적인 관심과 복합적인 측면에서 정신건강 문제를 파악하기 위한 노력이 요구된다.

2장 의료지원체계와 북한이주여성의 건강

2장에서는 북한이주여성들의 남한 입국 현황을 살펴보고, 북한
의 의료지원체계가 그녀들의 건강에 어떠한 영향을 미쳤는지 사회
적 환경에 따른 의료이용 경험과 건강 문제에 집중하여 인터뷰의
주요 내용을 기술하고자 한다.

1. 여성의 탈북 비율이 높은 이유

통일부의 『2023 통일백서』에 따르면 북한이탈주민의 입국 추
세는 코로나 여파로 인한 2020, 2021, 2022년을 제외하고 2012년
이후부터 연간 1,100~1,500명대를 유지하며 2022년 12월 말 기
준 총 누적 인원은 3만 3,882명에 이르고 있다. 최근 10년간 북한
이탈주민 입국 현황을 살펴보면 2015년 이후로 북한이주여성의
비율이 80% 이상을 차지했고, 2018년에는 85%(969명)에 이르렀
다. 눈여겨볼 것은 입국 성별에 있어 70% 이상이 여성이라는 점이
다(통일부, 2023). 이는 최근 해외 난민 사례에서도 보이듯 이주의 여
성화(Feminization of Migration)에 따른 한국사회의 북한이주여성에 대
한 체계적인 실태조사 및 연구를 통해 구체적인 지원 방안이 필요
함을 시사한다(김재엽 · 류원정 · 김지민, 2014).

북한이탈주민 입국 현황(2014~2022)

구분	2014	2015	2016	2017	2018	2019	2020	2021	2022
남	305	251	302	188	168	202	72	40	35
여	1,092	1,024	1,116	939	969	845	157	23	32
합계	1,398	1,275	1,418	1,127	1,137	1,047	229	63	67
여성비율	78%	80%	79%	83%	85%	81%	69%	37%	48%

출처: 『통일백서』, 2023: 12

그렇다면 여성의 탈북 비율이 높은 이유는 무엇일까? 상대적으로 가부장적 성격을 강하게 띠고 있는 북한사회에서 여성은 남편을 섬기고, 가족을 위해 희생하며, 시부모에게 효를 다해야 한다는 전통적 여성성을 강요받는다(박경숙, 2012). 그러나 북한사회의 장기적인 경제 불황은 여성 노동력에 대한 수요 감소를 가져왔고, 여성들은 장마당이라는 특수한 창구를 통해 물건을 팔면서 경제적 가장이라는 새로운 지위에 놓이게 된다. 여기서 장마당은 북한여성들이 중국을 오가는 브로커나 밀수꾼들로부터 탈북 경로에 대한 정보를 자연스럽게 받아들이는 사회적 연결망의 창구로서 작용한다(연성진, 2018). 이는 여성들이 남성에 비해 북한 정부의 감시를 피해 탈북하는 데 유리한 조건이 되는 것으로 보인다. 따라서 주된 경제활동을 할 수 있는 연령대 여성들의 탈북 비율이 높을 것이라 유추해 볼 수 있다.

실제 입국자들의 평균 연령은 20~30대가 57.1%(19,320명)를 차지하며, 이 중 30대의 연령분포가 28.7%(9,719명)로 가장 높다

(통일백서, 2022). 이처럼 북한이탈주민의 수가 늘어나면서 그들이 입국 과정에서 겪는 어려움이나 남한 정착 과정에서 겪는 각종 어려움은 더 이상 북한이탈주민의 개인적인 문제가 아닌 사회적·국가적 문제로 이슈화되고 있다(한나영 외, 2015). 특히 국내로 입국하는 북한이탈주민 다수가 재북(在北) 시부터 질병 치료에 대한 의료체계 부재와 경제적 어려움으로 인해 적절한 치료를 제공받지 못하고, 탈북과정에서 겪는 어려움이 더해지면서 다양한 신체적·정신적 건강 문제를 호소하고 있다.

"탈북해서 중국에 도망자 생활할 때가 37살… 그때까지만 해도 한두 달에 한 번씩 월경을 했는데 음식점에서 일하면서부터 몸이 너무 힘들다 보니까 건강 관리가 잘 안 됐어요. 언제 붙잡힐지 모르고… (중략) 혹시 누가 신고해서 북송되는 건 아닌가? 매번 긴장하면서 일하고, 몸도 마음도 힘드니까 그래 가지고 월경이 잘 안 나오고 몇 달에 한 번씩 중약²을 사서 먹었어요. 중국은 약사들이 맥을 보고 진단을 내려놓고 말도 들어보고 하면 이런 체질은 어떤 약을 써야 한다 말해 줘요. 그때 너무 고생해서 그 무렵 폐경되고 이도 다 빠지고 우울도 심해졌습니다."

– 참여자 8 –

2. 북한이주여성의 건강 문제

Williams와 Berry(1991)가 주장한 '문화 적응 스트레스 이론(acculturative stress theory)'에 따르면 '이주'는 '삶이 뿌리째 뽑히는 경험'과도 같다. 그들은 새로운 사회에서 경험하는 일상 스트레스가

---

2 '중약'이란 중국에서 사용하는 한약제를 통틀어 이르는 말이다(네이버 한국전통지식포탈, 검색일 2024.02.01.).

해소되지 않고, 축적될 때 부정적 측면이 증폭되어 극단적 결과를 야기할 수 있다고 설명한다(Stack, 1981; Kushner, 1984; Hovey, 2000b). 이는 남한의 새로운 환경이 북한이주여성들에게 어떠한 방식으로 영향을 미칠 수 있는지 짐작하게 한다.

북한이주여성의 건강 문제는 기존의 선행연구를 통해 언급되었지만(홍창형, 2005; 전우택, 2000; 문숙재·김지희·이명근, 2000; 손지혜·배고은·한기덕·윤인진, 2021), 남북하나재단의 「북한이탈주민 사회통합 조사」(2020)에 의하면 북한이주민의 전체 건강 수준은 일반 국민과 결혼이민자보다 낮고 그중에서도 북한이주여성들의 건강 수준은 심각한 것으로 나타났다. 이들의 건강 문제는 고난의 행군 이후 장기적인 경기침체로 인해 재북(在北) 시부터 식량 부족에 따른 영양실조, 위생불량, 의약품 부족 및 의료체계 붕괴로 적절한 치료가 불가했고(윤인진, 2009), 탈북과정에서 겪는 정신적 트라우마 또는 신체적 질환이 더해지면서 복합적으로 작용한 결과로 보인다(손지혜 외, 2021).

> "북한에는 영양실조가 넘쳐나요…. 죽 한 그릇이라도 먹으면 부자야. 뭘 잘 먹어야 병에 안 걸리는데 옥수수죽 한 그릇 먹기도 힘드니… 결핵은 흔해요. 저만 해도 북한에서 잘사는 집이었는데 고난의 행군 시작되고 몇 년 지나서 집안도 망하고, 하루 한 끼 먹기도 힘들고… 북한은 최고위 관리층 아니면 그냥 일반 주민은 못 먹어 죽는 거야. 먹을 것도 없고 잘 못 먹으니까… 너도 나도 걸리고 결핵이 못 먹어서 걸리는 병이잖아요. 내 남편도 결핵 걸려서 2주 만에 죽었지만…. 그래서 결핵 걸리면 '산에 가서 소 한 마리 때려잡고 그거 다 먹고 나면 다 낫는다'라는 말이 있어요…. (중략) 근데 북한에 약이 어디 있어요? 먹을 것

도 없는데 약 만들 돈이라고 약도 부족하지. 북한에서는 약이 부족하니까 결핵
은 그저 '영양 보충하세요' 그게 끝이에요."

- 참여자 1 -

"중국은 개인병원 같은 곳이 있어요. 여기는 개인병원에서 수술 못 하는데 중
국은 개인이 수술을 할 수 있어요. 거기는 자격증이 있고, 집이 크다 보니까 수
술 기구가 다 있고, 집에서 하는데…. 그게 방은 방대로 있고, 중국은 원래 땅덩
어리가 크다 보니 시설이 그저 커요. 건물 일, 이 층 이렇게 개인병원으로 되어
있는데 거기서 수술했어요. 중국에서 살면서 여기까지 오는 사람들치고 개별
적으로 치료받기는 어려워요. 근데 가정집에서 수술하다 보니까 아무래도 병
원이랑은 다르겠죠. 나중에 부작용으로 염증도 심하고, 어떤 사람은 곪아서 (자
궁을) 다 들어냈다는 사람도 있고…"

- 참여자 10 -

"처음에는 (탈북과정에서)죽자고 4번이나 시도했어요. 차라리 죽음으로써 이
상황을 벗어날 수 있겠다 싶었거든요…. (중략) 인신매매단에서 도망치는 과정
이 정말 험난했어요. 제가 혼자서 도망친다는 게 그래서 그때 동네 팔려온 어린
아이가 있었어요. 20대 정도? 18살? 때 와서 거기서 몇 년 있었던 거죠. 걔랑
같이 도망쳤는데 몇 날 며칠 먹지를 못했어요. 집에서도 안 먹고, 약 먹은 기운
이 있었는지 위가 아프고, 입이 쓴 거죠. 그러면서 도망쳐서 중국의 어디냐? 중
국 돈화?라는 곳은 사람이 너무 많아서 이게 그 강냉이밭에 볏짚을 세워놨는데
세워둔 옥수숫대 들어가면 안 추워요. 그때 당시는 저는 제가 죽을 줄 알았는데
저는 살았어요. 생각보다 안 추웠어요. 그때 같이 간 그 여자애를 찾아서 우선
조선 말을 쓴 식당에 무조건 찾아갔는데 거기서 쓰러졌어요. 그때 졸음이랑 배
고픔 때문에 거기서 쓰러진 거 같아요."

- 참여자 5 -

그러나 북한이주여성들의 건강 문제는 입남했다고 끝나는 것이
아니다. 전정희(2020)에 의하면 북한이주여성들은 입남 이후에도

북과는 상이한 보건의료서비스로 인해 이용의 어려움을 경험하거나 '재북 시의 체화된 의료신념'으로 인해 여성으로서의 위생관리나 건강 행위를 수행하는 데 정확한 지식과 정보제공이 필요한 것으로 나타났다(오지현, 2019).

> "북한에 있을 때는 병원을 가본 적이 거의 없단 말이지. 돈 있고, 백 있어야 가는 곳이 병원인데 (남한 입국해서) 상황이 바뀌었다고 별거 아닌데 병원 가고 그렇게까지…. (중략) 모르는 게 약이지 괜히 건강검진 해서 알아봤자…."
>
> – 참여자 7 –

> "(남한에 오니까) 병원에 다 영어야. 도통 알아들을 수 없단 말이지. 무슨 예약에 접수에 어디 가서 무슨 검사 해라, 너무 복잡해! 북한에 있을 때는 이런 게 없었는데 여기는(남한) 하라는 것도 어찌나 많은지 굳이 해야 돼?"
>
> – 참여자 9 –

이 외에 남한 정착 과정에서의 사회문화 적응 문제나 대인관계로 인한 스트레스는 북한이주여성들의 건강 전반에 영향을 미치는 주된 요인으로 작용하고 있다. 즉 일상생활에서 오는 스트레스는 탈북과정에서의 외상경험과 더해지면서 북한이탈여성들이 남한사회에 적응하는 데 부정적인 요인으로 작용하고 있다(전우택, 2000; 문숙재·김지희·이명근, 2000; McEwen, 2002; Pumariega et al., 2005).

> "회사에서 일하다 보면 남한 사람들이랑 북한 사람들이랑 대화가 잘 안 통해요. 근데 거기서 마음을 내려놓고, 내가 부족하고, 내가 잘 모르니까 그렇게 생각하고 접근하면…. 언어 교육도 많이 다르고, 한국에 교육이 많이 다르잖아요. 사실 그런 점에서 스트레스 안 받는 사람들이 없어요. 단어가 어렵다기보다는 말투도 그렇고, 너와 내가 다르다는 뭐 그런 거 있잖아요. 남한 사람들은 다르

게 생각할 때도 있고, 나는 편하게 말하는데 그렇게 안 볼 때도 있고, 거기서 스트레스… 하… 그렇다고 그 사람들이랑 나와 혼자만의 문제는 아니지…."

- 참여자 3 -

2007년 입국한 500명의 북한이탈주민을 대상으로 한 연구에 따르면 2%가 PTSD(외상 후 스트레스 장애: Post Traumatic Stress Disorder), 6.6%가 부분적 외상 후 스트레스 장애로 진단되었고, 약 48%가 우울 및 불안을 보이는 것으로 나타났다(Lee et al., 2001). 더욱이 북한이탈주민의 경우 적응 초기 의료급여 수급자로 혜택을 받지만 이후 정해진 기간이 지나면 개인적으로 의료비를 지불해야 하는 경제적 부담이 과중되면서 적기에 치료를 받지 못하고 이로 인해 사회경제 활동의 어려움을 호소하고 있는 것으로 나타났다(이수형 외, 2018).

"하도 못 먹어서 이가 거의 남아 있는 게 없는데 나이가 안 돼서 지원을 못 받는다는 거예요. 먹는 것도 맘대로 못 먹고, 나물 씹기도 힘들고, 고기는 다진 것만 먹는데… (중략) 우리는 진짜 빈털터리로 왔는데 뭐 아무것도 없이 빈몸으로 온 거잖아요. 근데 이를 하려면 돈이 많이 드니까 지원받는 것도 백만 원이 고작인데 몇 년만 더 참고, 돈 모아서 임플란트 해야죠."

- 참여자 8 -

이새롭(2003)의 연구에서는 탈북과정에서 북한이탈여성들이 직면하게 되는 인신매매나 강제혼으로 인한 성폭행, 강제소환 등의 경험이 심리적 외상으로 남아 남한사회 적응에 부정적인 영향을 미칠 수 있다고 보고한다. 특히 낮은 수준의 정신건강은 사회적 관계를 형성하고, 사회적 소속감을 고취시키는 데 장애물로 작용할 수 있으며, 이로 인해 사회적 지위 획득과 교육 성취에 부정적인 영향을 미칠 수 있다(김중백, 2018). 이러한 배경에서 개인의 건강은 생물학적인 요인뿐만 아니라 생애 전반에 걸친 환경적 차원이나 사회구조적 문제와도 연결되어 있다.

> "60~70퍼센트는 다 우울증이 있다고 생각해요. 혼자서 애들 키우고, 혼자서 살고, 어디 위탁하지 못하고, 그러다 보니까 우울증이 생기죠. 저는 도움을 받을 곳이 없어요. 심리적인 지원이나 상담 같은 걸 내 자체가 그걸 말하고 싶지 않고, 말해 봤자 그 사람들이 날 모르잖아요. 말하면 그저 이전에 내가 고생했던 일 생각하면 내가 살기 위해서 정말 아득바득 살았구나…. 저는 입에 올리기도 싫었어요. 그냥 모든 게… (깊은 한숨) …."
>
> — 참여자 3 —

이렇듯 정착 과정에서의 사회문화 적응 문제나 대인관계로 인한 스트레스는 정신건강에 영향을 미치는 주된 요인으로 작용한다. 세계보건기구(WHO)는 건강 수준을 결정하는 것은 개인이 유전적으로 타고난 부분 외에도 사람과 사회의 지속적인 상호작용을 통해 형성된다는 점에서 사회문화적 맥락을 고려한 정신건강의 이해를 강조한다. 하지만 우리나라에서 정신건강은 개인의 강인한 정신력을 강조하며, 스스로가 극복해야 할 문제로 치부되어 신체건강에 비해 그 중요성이 크게 부각되지 못하고 있다.

3. 허울뿐인 북한 보건의료체계

현재 북한은 인민의 건강 문제를 공식적으로 드러내기보다 피해를 축소하거나 은폐함으로써 전 세계에 부정확한 정보를 제공하고 있다. 이로 인해 실제 인민들의 건강상태는 더 심각할 것으로 사료된다. 이는 북한 보건의료시설의 노후화와 자연재해 및 경제난으로 인한 보건의료시스템의 붕괴와 관련 있으며 보건의료체계를 북한체제의 선전을 위한 수단으로 이용하려던 북한의 속내는 북한 인민의 건강을 위태롭게 만들고 있다(정유석, 2022).

> "북한도 (의료가) 무료라고는 하지만 나라 자체가 살기 힘드니까 건강검진 제공받기가 어렵고 그런 게 있는지도 모르겠고, 군인 같은 경우는 뭐 군대 들어갈 때 건강검진 한다고는 들었는데 그냥 진짜 기본만 하는 거지. 대부분 사람들은 정말 너무 아파서 못 버틸 때 그때 가니까 이미 병은 퍼질 대로 다 퍼지고 손쓸 수 없어서 죽는 거지…."
>
> – 참여자 4 –

그렇다면 체제선전의 수단으로 이용되는 북한 보건의료체계의 특징은 무엇일까? 남한과 구별되는 북한 보건의료체계의 특징은 무상치료, 예방의학제도, 의사담당구역제도 총 3가지에 있다. 겉으로 보기에는 인민의 건강을 위해 최상의 의료서비스를 제공하는 것처럼 선전하고 있지만 그 실태는 처참하다. 영양결핍으로 평균 체중 및 신장, 건강 지표 등이 미달에 이르거나 취약한 감염관리로 결핵, 콜레라 등 후진국형 감염병에 시달리고 있다.

"애 낳다가 죽는 여자들도 많고, 북한은 거의 집에서 애를 낳고 그러니까 균도 막 몸에 들어가고, 그 뭐냐 감염병에 많이 걸리는 거지요. 먹을 것도 없는데 산모 먹일 게 있겠어요? 옆집 엄마도 애 낳고, 몇 주 뒤에 죽었잖아."

― 참여자 5 ―

「북한 헌법」 제72조에 따르면 '무상치료'를 다음과 같이 설명하고 있다. "공민은 무상으로 치료받을 권리를 가지며 나이가 많거나 병 또는 신체장애로 로동능력을 잃은 사람, 돌볼 사람이 없는 늙은 이와 어린이는 물질적 방조(傍助)를 받을 권리를 가진다"(북한 보건의료 백서, 2019). 그러나 고난의 행군 이후 심각한 경제난은 북한식 보건의료체계가 제대로 구동하는 것을 제한하고 있다.

무상치료제는 1946년 「사회보험법」을 시작으로 부분적으로 진행되다가 1950년 전반적인 무상치료제의 목표가 마련됨에 따라 1952년 본격적으로 시작되었다. 무상치료제의 본질은 국가가 모든 의료시설과 장비를 소유하고 보건 인력을 고용하여 인민들에게 무상으로 치료를 제공하는 데 있으나 1990년대 초반 사회주의 체제의 붕괴와 잇따른 자연재해로 극심한 경제난에 휩싸이면서 대다수 인민의 건강권은 보장받지 못하고 있다(정유석, 2022). 이처럼 고난의 행군 이후 낙후된 의료시설과 기초의약품 부족은 사적 루트를 통한 자가 치료와 무허가 의료행위를 양산해 내고 있다(신희영 외, 2016). 북한 인민들은 장마당을 통해 들어온 중국산 B급 약을 구입해 복용하거나 경제적 지위에 따라 치료에 제한을 받으면서 북한식 보건의료체계의 가장 중요한 선전 도구였던 무상치료제는 무의미해지고 있다.

"고난의 행군 전에 김일성이 있을 때 약도 주고, 쌀도 주고 괜찮았어요. 우리 집은 고난의 행군 들어가서도 1년까지는 괜찮았지…. 위에서 다 보급받고 그랬는데 북에는 장교가 넘쳐나잖아요. 2년째 됐는데 이제 입에 풀칠할 것도 없는 거지. 우리 집만 그런 게 아니라 옆집, 앞집 다 그러니까… 그때는 당에서 선전활동도 엄청 강하게 한다고… 북한체제에 반하는 행동을 했다 하면 아무리 친했던 사람이었어도 그거 신고하면 쌀 주니까 서로 감시하는 거지. 서로서로 의심하고, 그래야 쌀 한 줌이라도 받아서 죽지 않고 살 수 있으니까. 사실상 그 시기부터는 군인이라고 해도 아예 약이며 쌀이며 당에서 공급이 중단된 거지…."

- 참여자 5 -

이러한 상황에서 2011년 김정은 정권은 보건의료체계의 문제점을 감지하고, 안정적인 의약품 보급을 위한 공장 및 연구소 설립, 연구지원, 대형병원화를 통한 의료시설의 현대화, 보건의료인력의 전문성 증진 등을 목표로 약화된 북한식 보건의료체계의 선전을 도모하고 있다(신희영 외, 2016). 그러나 북한식 보건인프라 확충은 평양을 중심으로 이뤄지고 있어 타 지역 북한주민들의 의료이용의 접근이 용이하지 않고, 고위층이 아닌 일반 인민들의 경우 실질적으로 이용하기 쉽지 않다는 점에서 보여주기식 정책에 불과하다(정서연 외, 2020).

"아예 건강검진이라는 거 자체가 없었던 거 같은데 그런 기억이 없어요. 물론 고난의 행군 이전에는 북한이 잘살았으니까 무상으로 진료도 보고 그랬는데 그것도 얼마 안 돼서 먹고살 게 없으니까 병원 가도 의미가 없는 거지…. 피검사 이런 게 규칙적으로 해 본 적이 없어요. 내가 아파서 병원에 가면 의사가 필요하다 그러면 피검사는 하는 거지 뭐 근데 그게 끝이고, 약은 내 돈으로 사와야 하고, 북한이 예방의학 한다고 하는데 남한처럼 미리 해 준다 이런 게 없다니까요. 그냥 말만 뭐 예방접종 한다…. (중략) 전염병 터졌다 하면 감금하고, 김정은이 해 준 게 없어! 밖에 못 나오게 먹을 것도 제대로 안 주니까 아픈데 굶어 죽는 거지….”

– 참여자 7 –

'예방의학'은 1966년 김일성 주석이 사회주의 의학을 예방의학이라 명명한 이후 1972년 「조선민주주의인민공화국 사회주의 헌법」 및 「인민보건법」을 통해 명문화되었다. 「인민보건법」 제3조에 따르면 "사회주의 의학에서의 기본은 예방이다. 국가는 인민보건 사업에서 사회주의 의학의 원리를 구현한 예방의학 제도를 공고, 발전시킨다"라고 예방의학을 다음과 같이 설명한다. 세부 내용으로 어린이 위생 및 영양관리, 대중의 체육 생활화, 전염병 관리를 위한 검역사업 등을 명시하고 있다. 이는 치료적 차원의 접근보다는 예방적 차원의 접근을 통해 건강관리를 위한 비용 절감을 도모하고, 전염병의 발병을 막아 인민의 생명을 보호하기 위한 것으로 보인다. 북한의 경우 진료소, 각급 병원을 통해 보건의료조직망을 촘촘히 나누고, 전국적으로 예방의학적 방침의 중요성을 강조하고 있다(이세정·손희두·이상영, 2011). 이를테면 전염병 발생 시 주거 이동제한 및 격리방침은 사전에 인민의 건강을 관리하겠다는 의미로 해석할 수 있다.

"북한에서는 자궁경부암 주사다, 뭐 예방접종 한다, 남한처럼 이것저것 많지 않아요. 북한에 있을 때 독감이나 폐렴 주사나 들어봤지…. 중학교 올라가서도 생리혈 어떻게 관리한다 그 정도지 성관계, 피임 감염관리나 이런 거 없고, 위생관리 정도예요…. (중략) 콘돔이요? 북한에 그런 게 없어요. 여자가 하는 거지. 여자들이 피임약을 먹는데 대부분 시장에서 야매로 무슨 가루랑 무슨 가루를 섞어서 먹는 사람도 있고, 중국에서 불법으로 가져온 약 같은 거 먹고 피임하고….”

- 참여자 2 -

'의사담당구역제(호담당의사제)'는 우리나라의 보건소와 비슷한데 구역별로 담당 의사를 지정하여 북한 인민들에게 보건의료서비스를 제공한다. 의사담당구역제는 생산활동 단위와 거주지 생활 단위에 따라 '직장담당제'와 '거주지담당제'로 이원화되어 있으며, 모든 북한 인민들은 직장 또는 거주지의 진료소에 등록되어 있다(정유석, 2022). 구역별 담당 의사들은 예방의학에 초점을 맞춰 위생관리, 예방접종, 검진 등의 업무를 담당하고, 전문 치료가 필요한 경우 상급병원으로 전원을 의뢰한다(문옥륜, 2005; 신희영 외, 2016). 의사담당구역제는 연령대로 구분하여 북한 인민의 건강을 관리하고 있는데 출생 후 14세까지는 소아과 의사가 담당하고, 이후 성인이 되면 내과 의사가 담당한다.

“제가 남편 죽고 엄청 심하게 앓았거든요. 애들은 어리고 하니까 방구석에 누워 있는데 애들이 남편 친구들한테 말한 건지 어디다 호소했다는데… 북한에서 병원은 군에 그러니까 서울로 치면 강서구? 이렇게 큰 구에 하나씩 병원이 있는데 병원에서 선생님이 와서 침놓고, 대략 이곳저곳 누르고 해서 나았던 기억이 나요. 북한에서는 양약보다는 침이나 뜸 놓는 게 더 많고, 그런 데에 의존하는 편이죠. 침은 가지고 있는 거 놓는 거니까 물품이 없어서 구애 받는 게 없잖아요. 한의원이 따로 없고, 병원에 한의과가 따로 있어서 거기 가면 침을 맞을 수 있어요.”

- 참여자 1 -

"북한에서는 의사가 있어도 정말 아무것도 없으니까 관리가 안 돼요. 말만 의사가 담당해서 주민 관리한다고 하는데 뭐 약도 없고, 검사 시설도 없고, 전기도 안 들어오는데 기본적인 것도 없는 상태에서 평양에만 다 겉치레하고 있는 거지."

– 참여자 10 –

"제가 얼마 전에 듣기로는 북한에서는 지금도 약은 본인이 구해 와야 치료받을 수 있다! 이건 변함없어요. 북한에서는 돈이 있어야 병도 고칠 수 있는데… 아무래도 약은 수량이 정해져 있고, 국가에서 병원에 얼마씩 정해진 만큼 주는데 그게 너무 부족하니까 한 달에 페니실린 몇 개? 뭐 그런 식이죠. 그런데 의사들이 힘 있는 의사들이 전부 장악하는 거죠. 직접적으로 힘없는 환자한테 가는 약은 없어요."

– 참여자 5 –

북한의 보건의료 전달체계는 4단계로 구성되어 있는데 먼저 1차 의료기관은 농어촌의 규모에 따라 리·동 진료소,[3] 종합진료소,[4] 리 인민병원으로 구분된다. 2차 의료기관은 시, 군 구역 인민병원이 해당되며, 3차 의료기관은 1, 2차 의료기관에서 수술이 필요한 환자를 치료하고, 4차 의료기관은 3차 의료기관에서 수행하기 어려운 환자의 치료를 담당한다. 북한의 의료기관은 병상 수로 의료기관의 규모와 급을 구분하는 것이 아닌 행정구역별(지방도시와 광역도시) 또는 계급에 따라 구분된다(신희영 외, 2016).

"평양에 사는 고위 간부들이나 병원을 가지… 우리는 그런 곳 가보지도 못

---

3 진료소는 북한의 최소단위 의료기관으로 작은 농·어촌 단위에 위치하며 우리나라의 보건소와 비슷하다.
4 종합진료소는 농촌의 리 단위의 인민병원과 비슷한 규모로 도시지역의 동 단위에 위치한다.

해…. 공짜 진료 없어진 게 언젠데 치료라도 받으려면 의사 뒷주머니에 뭐라도 찔러줘야 가능하지…. 제대로 된 병원을 북한에서 가본 적이 없어…. (중략) 내가 아는 사람은 치료받으려고 (의사한테) 석탄이랑 쌀 한 포대를 가져다줬댔어…."

- 참여자 4 -

1990년대 중반 김일성 주석의 사망과 경제 상황의 악화로 인해 '고난의 행군'이 시작되면서 무상치료, 예방의학, 의사담당구역제를 기본으로 하는 북한 보건의료체계에 균열이 일어나기 시작했다. 보건의료 전달체계는 제대로 작동하지 못하였고, 1차 의료기관과 2차 의료기관은 북한 주민의 건강을 책임질 수 없는 상태에 이르렀다. 3차 의료기관과 4차 의료기관이 남아 있으나 이마저도 경제적 계급에 의해 치료의 기회를 차단당해 대다수의 인민은 기본적인 의약품조차 지급받지 못하는 상황이다(신희영 외, 2016).

"저는 왼쪽 가슴에 혹이 생겨서 유방암 수술도 하고 항암치료도 했어요. 평양 병원에 좋은 곳 가서 유선종양연구소라고 새로 생긴 병원에 가서 받았거든요. 남한에서처럼 거의 비슷한 시설이었어요. 원래는 갈 수 없는 곳인데 내가 돈도 많이 벌어놨고, 친척들이 다 평양에 있는데 그런 높은 사람들이라 혜택을 본 거죠. 북한은 평양에만 좋은 병원 있고, 그냥 나머지는 병원이라고 보기 힘들어요. 제가 북한에서 제일 좋은 병원서 수술했다고 해도 내 목숨 건지고 살려니 병 치료하려고 남한 온 거예요."

- 참여자 4 -

특히 2000년대 이후 장마당의 활성화로 사적 공급망을 이용해 의약품을 수급하는 경우가 늘어나면서 북한식 보건의료체계는 제대로 된 역할을 거의 하지 못하고 있다. 만성적인 전력 부족은 의료 장비의 사용과 의약품 보관에 심각한 차질을 빚고 있으며 수술 중 과다출혈이나 감염으로 인한 모성 사망률이 매우 높은 편이다. 또한 부족한 물자로 인한 부적절한 감염관리[5]와 기초 의약품의 부족 등으로 북한 주민들의 건강권은 심각한 위협을 받고 있다(이철수 외, 2017).

북한의 의료기관별 의사 수, 진료과목, 병상 규모 현황

참의기관 현태		의사 수	진료 전문과	병상규모
1차 의료 기관	(리 · 동진료소)	1~2명	없음(주로 준의 근무)	0~2
	(종합진료소)	4~5명	내과, 외과, 소아과(일부)	0~5
	(리인민병원)	10명 이내	내과, 외과, 소아과, 산부인과, 고리치료과, 구강과, 이비인후과	5~20
2차의료기관 (시 · 군 · 구역인민병원)		약 200명	내과, 외과, 소아과, 산부인과, 고리치료과, 뢴트겐과 (2), 구강과, 이 비인후과, 피부과, 안과, 신경과, 실험과 (혈액검사실), 물리치료과, 결핵과(3예방원), 간염과(2예방원)	100~500

---

5 북한의 「의약품 관리법」 제32조 "의약품 관리기관과 해당 기관, 기업소, 단체는 의약품 보관 용기를 잘 관리하며 그 회수리용률을 높여야 한다"에 따르면 물자 부족으로 인한 포장 용기의 재사용이 권장되고 있어 의약품 사용의 안전성의 문제가 심각한 상황이다(이철수 외, 2017; WHO, 2016).

3창 의료기관 (도인민병원)	약 200명	내과(순환기, 소화기, 호흡기), 복 부외과, 수지외과, 정형외과, 흥부 외과, 신경외과, 소아과, 산부인과, 고려치료과(동의과), 뢴트겐과, 구 강과, 이비인후과, 피부과, 안과, 신경과, 물리치료과, 비뇨기과, 마 취과, 기능회복과(회복치료과)13), 기능진단과, 병리진단과, 종양과 (일부), 두경부외과(일부)	800~1200
4창 의료기관 (조선적십자종합병원 등)	약 200명	3차 의료기관과 유사	1000 내외

출처: 서울대학교 의과대학 통일의학센터 외 공저, 『북한 보건의료 백서』
(서울: 보건복지부, 2013).

북한 보건성 자료(Ministry of Public Health, 2017)에 따르면 2017년 북한 인구 1만 명당 의사 수는 35.1명으로 2016년 남한 19명, 일본 25명보다 많은 것으로 나타났다. 그러나 노후화된 의료장비 및 절대적인 기초의약품의 부족, 불안정한 보건의료시스템은 '보건일군'의 전문성을 떨어뜨리고 있으며, 장마당을 통한 불법 의약품의 취득과 이로 인한 약물 오·남용은 북한 주민의 건강을 악화시키는 원인으로 작용하고 있다(정유석, 2022). 북한의 보건의료체계의 문제 중 하나는 북한주민의 건강을 담당하는 의료인력의 자격과 역할에 있다. 북한은 인민보건법상 '보건일군'에게 당과 인민에 대한 충성, 환자에 대한 사랑 및 정성을 강조하고 있을 뿐 정작 의료인들에게 필요한 전문성은 간과되고 있다.

"북한은 남한처럼 병원에 과도 많지 않고, 복잡한 게 없어요. 의사가 이것저것 다 알고 있고, 간호사도 6개월인가? 1년인가? 그렇게 공부하면 면허증 같은 게 나오니까 진짜 너무 질이 떨어지지. 의사들은 촉진도 하고, 꼼꼼하게 진료를 봐 주는데 간호사는 전문성이 너무 떨어져요. 남한으로 치면 (북한의 간호사 수준 이 남한의) 조무사 학원 수준?"

- 참여자 2 -

"북한에서 엑스레이를 찍거나 MRI 촬영을 한 적이 없는데 맹장이라고 들었는 데 의사들이 어떻게 아는지 모르겠지만 제 다리를 굽혔다 폈다 하더니 그랬어 요. 그렇게 물어보고 대답했는데 바로 수술장으로 들어갔어요. 제 기억으로는 21살인데 80년도에 수술을 했는데… 근데 저는 그런 거 안 찍었던 것 같은데 제 기억으로는 그래요."

- 참여자 7 -

"나도 평양병원에 자주 가는데 평양병원은 돈 있는 사람은 100~150달러 그렇 게 주치의한테 쥐어준다고 하더라고요. 약이 다 부족해서 개인이 장마당이나 그런 곳에서 구해서 병원에 가지고 들어오고 그런 거죠. 아유 지금은 중국에서 필요한 건 약부터 전부 다 들어오니까… 돈만 있으면 다 구매할 수 있어요. 약 국도 들어와 있고, 그저 약사… 여기처럼 약대를 안 나오고, 자격증이 없어도 약 팔면 약 파는 집이니까… 북한은 그게 불법은 불법인데 돈으로 다 되니까… 그게 의사나 간호사 면허증 있으면 약국을 차릴 수 있어요. 남한처럼 약사만 약 국 차리고 그런 거 없고, 간호사도 다 차리고… 그게 약국을 차린다는 게 국가 승인을 받은 게 아니라 집에서 그 의료인 면허증 있는 사람들은 가능해요. 단속 뜨면 면허증 보여주면 되니까…. 다들 집에서 약 팔고 그런 거 많아요.

- 참여자 2 -

종합적으로 북한의 보건의료체계는 '포괄적 양질의 보건의료', '수혜 대상의 보편성', '국가에 의한 단일의 통일된 서비스', '무료

서비스', '광범위한 예방의료' 등을 표방하고 있지만 심각한 경제
난과 낙후된 의료시설, 의료인의 전문성 부재 등으로 인해 실제 인
민들에게 제대로 적용되지 못하고 있는 현실이다(북한 보건의료 백서,
2019; 정유석, 2022).

3장 그녀들의 이야기 I – 남한으로 오기 전

건강정보에 대한 접근성과 수용성은 중산층에서 높게 나타나는 반면, 건강정보의 불평등은 사회적 취약층에게서 높게 나타난다(Wikler, 2002). 이러한 측면에서 북한이주여성들의 건강은 재북 시, 탈북과정, 남한 입국 후 의료지원체계의 접근성과 수용성에 따라 상이하게 나타날 수 있으며 '의료 이용 정보의 접근성과 수용성'은 이들의 건강상태를 결정하는 데 직접적인 영향요인으로 작용할 수 있다. 따라서 3장과 4장에서는 북한이주여성들이 '남한 입국 전'과 '남한 입국 후' 의료서비스를 제공받고 이용하는 데 어려움은 무엇이었는지 현재 직면한 건강 문제와 연계하여 대화방식으로 기술하고자 한다.

1. 고난의 시간과 긴장의 연속

실제 남한에 이주하기 전 많은 북한이주여성들은 이동 경로가 되는 중국에서 기본적인 인권을 보호받지 못하고, 성매매나 임금 착취, 강제송환의 불안감 속에서 심신 건강의 위협을 받으며 생활하고 있다(백영옥, 2002; 손지혜 외, 2021). 북한이주여성들의 경우 남성에 비해 탈북과정에서 제3국의 체류기간이 장기화되고 있어(김미자, 2010) 다양한 외상사건에 노출될 가능성이 높다. 이러한 현실은 북한이주여성들이 아무도 믿지 못하는 불안정한 상태를 양산해 낸다(김미자, 2010; 손지혜 외, 2021). 더 나아가 김상옥(2020)은 북한이주여성들이 탈북과정에서 겪는 심리적 트라우마로 인해 정신건강 문제가 발생할 수 있다고 보고한다.

"자고 있는데 갑자기 들이닥친 거야. 나는 내복만 입고 있었는데 갑자기 중국
공안이 우릴 잡아서 끌고 가는데 그때 생각하면… 지금도 자다가 한 번씩 악몽
을 꿔…."

- 참여자 1 -

"중국 공안만 보면 그냥 오줌이 질질 심장이 밖으로 터져 나올 거 같다고. 그거
는 경험해 본 사람만 알아. 내가 잡히면 북에 가 죽겠구나…. 혹시 탈북했다는
걸 걸리면 어쩌나, 중국 말을 못 알아들어서 끌려가면 어쩌지? 매번 긴장하면
서…."

- 참여자 8 -

여자로 태어나서 고생이란 고생은…

그녀에게 북한에서의 결혼생활은 고생 그 자체였다. 집안일은
기본이고, 나무 장작 패기, 시부모 공양, 바깥일까지 그 많은 일을
혼자 다 감수해야만 했다.

"북한에 제대로 된 병원도 없지, 급하다고 바로 갈 수 있는 거리도 안 되지, 애
를 못 낳아서 시아버지 구박이 엄청 심했어. 나는 바깥일도 하는데 집안일도 다
해야 하지, 남한은 뭐 가전기기가 다 해 주잖아. 북한은 그런 것도 없어. 도와주
는 게 어렸어. 그냥 여자가 다 하는 거지. 맨날 시아버지는 나만 보면 못 잡아먹
어서 안달이고, 소박 이야기 꺼내면서 친정으로 돌아가라고 윽박지르는 거야.
스트레스를 너무 많이 받고 영양 상태도 안 좋으니 애가 생길 리가 없지…."

- 참여자 7 -

남편에게 맞느니 도망치는 게…

〈참여자 3〉은 남편의 폭행으로 아이도 유산되고 다리에 이상이 생겼지만 사회주의 체제의 붕괴와 극심한 경제난으로 무상치료제가 붕괴되면서 제대로 된 치료를 받을 수 없었고, 결국 살기 위해 스스로 탈북을 결심했다고 한다.

> "결혼하고 별것도 아닌 문제로 술 먹고, 때리고, 다리가 끊어지는 줄 알았어요. 저는 이 세상을 못 걸어 다니는 줄 알았어요. 젊었을 때 괜찮다가 날이 춥고 그러면 힘줄 부분이 너무 아프고, 쑤시고, 시려요. 힘줄 부분이 훅 들어가 있고, 그래요…. (중략) 그때 남편한테 맞고 나서 제대로 치료도 못 하고, 충격이 커도 내가 음… 나는 그저 죽을 때까지 이런 남자랑 살아야 하는가? 생각 하다가도 계속 살아야 되나…. 결국 못 살겠다 그래서 (도망쳐서)나왔죠."
>
> – 참여자 3 –

배가 고파 죽기만을 기다릴 수 없었어요!

1997년 고난의 행군 이후 북한사회의 장기적인 경제불황은 여성 노동력에 대한 수요 감소를 가져왔고, 다수의 남성들은 실업자 상태로 전락했다. 북한사회에서 일자리는 여성들만이 할 수 있는 일로 취급되는 판매직이나 돌보미 등이 남아 있지만 그마저도 많지 않았다. 다수의 북한 남성들은 경제활동을 포기했고, 대신 여성들이 장마당이라는 특수한 창구를 통해 물건을 팔면서 경제적 가장이라는 새로운 지위에 놓이게 됐다. 〈참여자 4〉는 남편이 실직당한 후 학교 선생님으로 일하던 자신의 벌이만으로는 먹고살기 힘들고, 당에서 식량 배급이 되지 않아 장마당에서 물건을 팔아 생

계를 이어 나가다 남편의 죽음 이후 아이들과 함께 강을 건넜다고
했다.

"아무리 노력해도 살 수가 없는 거예요. 벌이가 잘 안 됐어요. 장마당에서 장사
를 해도 그렇게 애를 쓰는데도 먹고살 수가 없어요. 남편도 일거리가 없지. 그
때가 고난의 행군 시기라 내가 교사를 하는데도 배급도 잘 안 나오지… 당장
먹을 게 없는 거야. 그래서 내가 몰래 물건도 팔면서 하루하루 벌어먹었는데…
그러다가 (남편이)병에 걸렸는데… 애들은 2명인데 구걸해서 한 끼 먹이고, 애
들도 매끼를 못 먹이는데 남편 약은 어디서 구할 수나 있나…. 그러다가 남편
죽고… 안 되겠다. 여기서 굶어 죽으나 잡혀서 죽으나 마찬가지인데… 가자!
해서 중국에 갔어요."

- 참여자 4 -

"남편이 99년도에 교통사고로 죽고 나서 딸이 6살이었는데 막막한 거라. 재혼
을 할 수도 없고. 애 딸리면 북한에서 재취 어렵거든. 하다못해 북한은 장애인
남자들도 멀쩡하고 괜찮은 여자랑 다 결혼하니까. 그리고 시아버지도 퇴직하
고 친정아버지도 퇴직하고 나니 기댈 구석이 하나도 없어진 거죠. 그 당시 고난
의 행군 시기라서 워낙 다들 너무 어려워서 자기 식구 먹이기도 빠듯해서 오빠
집에 갔다가 다시 나왔어요. 그러다가 안 되겠다! 나도 외국 나가서 살길 찾아
야겠다…. (중략) 연길에 친척 찾아가겠다고 기별을 넣었더니 오라 해서 국경
을 넘었어요."

- 참여자 6 -

노동교화소

노동교화소에서의 삶은 죽도록 일만 하다 겨우 한 끼 먹을 수
있는 죽 한 그릇 받는 것이 다라고 했다. 그마저도 온전한 죽이 아
닌 잡다한 풀이 뒤섞여 있는 희멀건 옥수수죽이 끝이었다고 했다.

〈참여자 6〉은 영양실조에 걸리는 건 당연하고 위장 질환을 달고 사는 건 고난의 행군부터 탈북과정까지 이어진 배고픔과 가난 때문이었다고 했다. 그녀의 자조(自嘲) 섞인 웃음 속엔 쓸쓸함만이 남아 있었다.

"중국에서 죽은 듯이 숨어 지냈는데 갑자기 자고 있는데 붙잡아가는 거야…. 아무것도 준비도 못 하고, 속옷 바람으로 끌어가서 북송됐는데… 노동교화소라고 하루 종일 열 시간도 넘게 일만 시키지. 옥수수랑 풀죽을 쒀서 나눠주는데 물이 더 많고, 그것도 하루 한 번 받는 게 다인데 근데 다들 그거라도 먹겠다고…."

- 참여자 4 -

"난 조선족 집에 산에 있는 집에 숨어서 조용히 있는데, 그 동네에 있는 조선족이 공안에 잡혔는데, 그 사람이 브로커 하는 거 다른 조선족이 신고해서 잡혔는데, 그때 탈북민들 있는 거 불면 죄를 감면해 준다고 막 그래서 밤에 갑자기 잡혀갔어요. 딸은 조선족 목사님이 운영하는 교회에서 키워주고 학교 보내주고 또 연길에 사는 친척이 돈 보내주면 그 돈으로 옷도 사주고 먹을 거도 주고 그렇게 지냈어요. 나는 북송되어서 오빠가 백 써서 두 달 동안 있다가 나왔는데, 난 두들겨 맞지는 않고 그냥 수용소에서 두 달 있었는데, 거기서 영양실조 걸리고…."

- 참여자 6 -

"아침부터 저녁까지 계속 일해요. 나 진짜 거기서 죽다 살았어요. 딸들은 다 어리니까 미성년자라고 일을 안 시켰는데 나는 성인이라고 일을 시키는데 뭐 할 일 없어도 논에 물 있잖아요. 그거 삽질을 이리로 가라 했다 저리로 옮겨라 계속 삽질을 시켜요. 근데 그날 감기 기운이 있는데 목이 엄청 마른 거예요. 그날도 너무 힘들어서 강변에 흐르는 물을 먹었는데 그게 오염수였던 거라. 진짜 설사를 쫙쫙하고, 눈이 쑥 들어가 진짜 죽겠는 거예요. 밥이 뭐야 죽도 못 먹고,

우리 딸들이 우리 엄마 살려내라고 울고불고 난리가 났지. 우리는 자다가 잡혀 나가서 아무것도 없이 북송된 거라. 돈 한 푼 없이 맨몸으로 끌려왔는데 좀 경험 있는 애들은 중국에서 북송될 때 돈이라도 챙겨 가는데 우리는 그런 거도 없이 갔으니까…. 우리 딸들이 그때 울며불며 우리 엄마 살려내라고 계속하니까 경찰들이 보다 안 되겠는지 누가 링거 살 돈이 있으면 좀 대라, 그래서 그때 어떤 젊은 관리자가 돈을 내서 영양제를 사 왔더라고. 그때 영양제 2개 맞았나? 그거 맞고 살았네."

- 참여자 1 -

2. 건전한 성관념과 성교육 부재

북한의 경우 가부장적이고 폐쇄적인 사회 분위기로 인해 성교육에 대한 지식 전달이 교육과정을 통해 전해지지 않으며 주로 육아와 가사 활동에 대한 교육만이 교육과정에 포함되어 있다. 이러다 보니 낙태, 피임, 임신, 출산 및 산후 관리에 대한 지식이 거의 부재하고 적절한 건강 행위가 이뤄지지 못해 질염이나 골반염증성 질환 등 산부인과적 문제를 호소하는 경우가 많다. 예컨대 루프를 삽입하고 일정 기간이 지나면 제거하고 다시 교체해야 하지만 이에 대한 지식이 전무한 여성들의 경우 계속 삽입한 채로 생활하다가 염증이나 통증이 심해진 뒤에야 진료소를 방문한다(한소희, 2018). 그럼에도 탈북여성들의 경우 폐쇄적인 북한사회의 거주 경험이 체화되어 남한 입국 이후에도 산부인과적 문제를 잘 드러내지 못하고, 적시에 치료를 받지 못해 중증으로 이어지는 경우가 있다.

피임은 여성의 몫

그녀들은 북한사회에서 피임은 당연히 여성이 해야 하는 것으로 인식되고 있다고 했다. 남성이 피임을 한다는 건 생각해 본 적이 없다고 했다. 피임에 대한 보건교육도 없을뿐더러 피임과 관련된 내용을 비공개적인 자리에서 친구나 지인들에게 전해 듣다 보니 잘못된 피임으로 인한 건강 문제가 발생하기도 한다고 했다.

"북한에서는 당연히 여자가 몸 간수 잘하고, 조신해야 하고… 피임은 여자가 하는 걸로 지금 생각해 보면 왜 그렇게 했는지 몰라요. 남자는 아무것도 안 해도 되고…."

– 참여자 6 –

"콘돔이요? 남한 와서 처음 들어봤어요. 북한은 다 여자가 하지. 여자 몸뚱어리 신경 쓰는 사람이 있건? 그런 거 없지요. 병원 가서 피임약 처방받고, 약국 가서 사 먹고 그런 거 없어요. 무슨 약초 같은 거 먹고 피임하고 피임은 여자가 하는 거라고…."

– 참여자 1 –

"피임은 여자가 하지요. 자궁에 피임기구 넣고 한 번 넣으면 계속 쭉 가지고 있는데… 북한에서부터 하고 있던 걸 계속하고 있었는데… (중략) 중국에서 병원 가는 게 쉽지 않고, 걸리면 안 되니까 처음에는 치료를 받으려고 하지도 않았어요. 근데 배도 너무 아프고, 옆구리가 아파서 참다 참다 그 가정집같이 생긴 병원이 있는데 골반염증…? 그래서 피임기구도 빼고 항생제 먹고…."

– 참여자 3 –

"북한은 남성 피임 관리, 콘돔 관리 그런 교육 없어요. 북한은 그저 여자가 피임 관리 하는 거죠. 저는 애를 낳고 큰애가 4살, 작은애가 연년생이었는데 피임 수술 같은 거 들어본 적은 없고, 북한에서는 피임약을 먹는데 대부분 약국이 아니라 시장에서 야매로 무슨 가루랑 무슨 가루를 섞어서 먹는 사람도 있고, 중국에서 불법으로 가져온 약 같은 거 먹고 피임하고, 뭐 그런 거?"

- 참여자 2 -

남성에게 종속되어 있는 몸

그녀들은 북한만큼 가부장적이고, 남성 중심의 사회는 없을 거라고 했다. 여성이 남성의 권위에 복종하는 것이 북한사회에서 당연한 것이라고 했다. 한 참여자는 먹고살기도 힘들고 남편의 폭력과 시부모님의 폭언으로부터 자유를 찾아 탈북했다고 했다.

"북한에서 여자는 그냥 남자한테 종속되어 있는 거예요. 내 생각을 말하고, 내 몸을 지키고 보호한다 그런 개념이 없지요. 그저 여자는 애 낳는 도구 같은 그런 존재인데… (중략) 남한처럼 여성이라고 보건소에서 검사하고, 약 주고 그런 거 없어. 여자랑 남자랑 똑같다 그런 게 없단 말이지. 북한은 남자가 병신이라도 멀쩡한 여자랑 결혼만 잘 하고…."

─ 참여자 7 ─

"북한은 남자들이 엄청 폭력적이에요. 그냥 자기 맘에 안 들면 발로 차고 무슨 여자를 물건 취급하면서 주먹으로 치고 때리고 사내대장부가 이깟 일 하는 거 아니다 그러면서 온갖 허드렛일은 다 여성이 하는 거죠."

─ 참여자 2 ─

"먹고살 것도 힘들어서 죽겠는데 매번 남편이란 사람이 술 먹고 때리고 시부모는 애 못 낳는다고 욕설에 입에 담기도 험한 말을 하는 거예요. 여기 있으면 굶어 죽고 정신병자 돼서 죽을 거 같으니 이리 죽으나 저리 죽으나 죽는 거 마찬가지일 거 도망가자 해서 중국으로 갔어요."

─ 참여자 3 ─

낙태, 개인의 선택

"북한은 낙태가 흔해요. 돈 없는 사람들은 장마당에서 무허가 약 사다가 먹고, 낙태하면 죄책감 같은 게 들어야 하는데 남한처럼 강하게 처벌하고 그런 게 없고 유산이나 낙태도 많고, 소파술 하는 경우가 흔하니까 오히려 돈을 잘 번다고 소문나서 의사들 사이에 산부인과가 인기도 많고… (중략) 학교에서 불법 낙태하는 게 여자 몸에 얼마나 안 좋고, 나중에 문제가 생기는지 교육시키는 것도 없으니까…."

– 참여자 5 –

"당장 나 먹을 것도 없어 배곯는데 애를 낳아서 어떻게 키운단 말이에요. 모성애가 없는 게 아니라 그 상황이 낙태를 할 수밖에 없도록 만든 거지…."

– 참여자 3 –

"자궁병이 많은 게 유산이나 낙태가 많다 보니까… 일부러 애를 배도 없애기도 하고 그런 거죠…. 애를 낳아도 키울 수 있는 여건이 안 되니까 살기 힘들고, 먹고살아야 하니까 일을 해야 하잖아요. 애를 배도 일을 해야 하니까 사람들이 유산이나 낙태를 대수롭게 생각하지 않아요. 먹고살기 힘들고 국가도 별로 신경을 안 쓰죠."

– 참여자 4 –

북한은 성교육 없어요

"성교육을 하나원 들어가서 처음 들었는데 북한은 중학교 들어가서 생리하면 위생 관리 정도지 애를 어떻게 낳고, 피임 관리를 어떻게 하고 그런 거 없어요. 그냥 위생 관리 정도만이에요. 생리대? 그런 거 몰라요. 돈 있는 사람들이나 쓰는 거지 우리는 천 쪼가리 잘라서 쓰는데 위생 관리도 안 되지요…."

– 참여자 10 –

"성교육이 뭐야? 여자는 자고로 몸 간수 잘하고… (중략) 성교육을 남한처럼 학교에서 알려준다? 그런 거 없지. 배우는 거 없고 그냥 결혼해서 친구들한테 듣고, 엄마한테 여자는 몸을 함부로 굴리면 안 된다 그 정도 듣고 혼자 아는 거지…."

- 참여자 9 -

3. 북한은 그런 거 없어요. 당장 쓸 약도 없는데

북한 체제의 경우 진료, 입원, 수술, 약품 구매 등의 의료서비스를 이용하는 데 국가의 무상 제공을 「인민보건법」상에 언급하고 있지만 대부분 개인 부담이 크고 수술이나 입원 치료의 경우 의료진에게 약간의 현금이나 물품을 제공하는 것이 일반화되어 있다. 또한 진단 의학 발전을 위한 북한 체제의 지원은 실효성 없는 제도에 머물러 있어 질병의 조기 발견과 치료가 어려운 상황이다. 건강관리를 위한 감염관리나 위생관리 교육 등의 일반적인 보건교육도 사실상 부재해 실질적으로 인민의 건강 문제를 국가가 책임지지 못하고 있는 현실이다. 이러한 상황은 탈북과정에서도 그대로 유지된다. 결국 북한이주여성들은 자신의 건강을 돌볼 상황적 여유도 경제적 지원도 부재한 상태에서 몸과 마음 둘 다 회복할 수 있는 에너지를 잃어가고 있다.

여성 건강관리? 여자는 따로 챙겨준다고요?

"(남한에) 여성 건강관리라는 게 있다고요? 북한에는 그런 거 없어요. 내가 있을 때는 여자들의 유선암이나 자궁병 같은 게 많으니까 그런 검사는 있는데 검사만 하고 대책은 별로 없어요. 약을 쓸 수 있는 상황이 안 되고, 자궁병 예방

주사 같은 것도 없고…. 북한은 유산이나 낙태가 많으니까 자궁병이 많은데…
그리고 애를 배도 먹고살 게 없으니까 죄책감 없이 일부러 애를 배도 없애기도
하고 그런 거죠…. (중략) 애를 배도 일을 해야 하니까 자유 유산 되기도 하고,
별로 사람들이 유산이나 낙태를 대수롭게 생각하지 않아요. 먹고살기 힘들고
국가도 별로 신경을 안 쓰죠."

- 참여자 6 -

보건교육의 부재와 낮은 건강증진 행위

"난 생리할 때 너무 치덕거리고 귀찮았어. 여기다가 안 입는 옷 덧대서 다니고
그랬어요. 근데 안 하니까 그런 거 안 해도 되고. 여름에 얼마나 힘들어. 냄새도
많이 나고. 난 잘 씻지도 못했어. 물이 잘 안 나오는 데 있어서…. 그래서 안 하
는가 보다 했지 그걸 뭐 심각하게 생각하진 않았어요."

- 참여자 7 -

"중국에서 도망 다닐 때 갱년기 때문인지 가슴이 두근거리고, 혈액순환도 잘
안 되고, 팬티가 흥건히 젖을 때까지 몰라서 갑자기 냄새나면 내가 오줌 쌌나
했을 정도였어. 근데 그때 같이 알게 된 사람들 말이 그게 중국에서 도망 다니
는 게 너무 무서워서 오줌 지리는 거라고 그러는 거야. 그래서 나도 그러는 거
라 생각했지."

- 참여자 9 -

산전관리? 산후관리요? 당장 먹고살 것도 없는데…

"대부분 힘들게 살고 그러니까 애 낳고 하루 이틀 지나고 다시 일하고 그래야
하니까… 그게 생활 조건에 따라 조금씩 다를 수 있어요. 생활 조건이 좋은 사
람들은 집에 부모들이 챙겨주고 하니까 산후조리를 하지만 뭐… 다들 애 낳고
한 20일만 되면 일해요. 국가에서 임신했다고 (남한처럼)약 챙겨주고, 애 낳았
다고 기저귀 주고, 보육비 지원해 주는 거 없어요. 북한에는 따로 산후조리원이

라는 건 없죠. 산후조리원은 없고 그냥 애기 낳는 부인과만 있고 그것도 돈 있
는 사람만 (병원)가고 다들 집에서 애 낳고… 일주일 쉬다가 일하러 나가고….”

- 참여자 5 -

“첫애는 집에서 낳고, 둘째는 병원에서 낳았는데 저는 그저 이틀 있다 퇴원했
어요. 그때 내 당시는 병원비는 없었고, 병원이 취약하고 환자들이 산모들이 누
울 자리가 없을 정도로 환자들이 꽉 차고 하니까 뭐 이래처럼 산모들이 쉬고 그
럴 공간도 없고, 깨끗하고, 그런 거 없고, 아… 그니까 그 뭐라니… 어느 게 산
모인지 알 수가 없고, 혼잡한 거죠. 병원인지 대합실인지 모를 정도예요. 그게
91~95년쯤인데 고난의 행군 직전인데 저는 힘들게 살지 않아서 저는 크게 와
닿지는 않았어요. 제가 양쪽 다 잘살아서 산후조리를 못 한 건 아닌데 병원은
너무 혼잡해서 더 있을 수가 없더라고요. 부모님이 애 낳고 봐주고 저는 애를
둘 다 자연분만으로 낳았어요. 북한은 원래는 말이 사회주의니까 따로 내는 비
용은 없는데 본인들이 주치의한테 나를 좀 잘 봐주고, 수술 좀 잘해 달라는 의
미에서 돈으로 인사를 하는 거죠. 몰래 하는 거… 북쪽은 중국 돈으로 다 치니
까 애 낳을 때 돈을 (의사한테)좀 쥐여준 거죠. 근데 지금은 너무 약도 없고, 먹
을 식량도 부족하니까 산후조리? 그런 게 사실상 없다고 봐야지….”

- 참여자 4 -

무슨 병인지도 몰라요

북한의 열악한 의료환경에서 진단검사의학 분야가 발전하기란
쉽지 않다. 기초의약품의 공급도 쉽지 않은 상황에서 값비싼 의료
기기나 특수검사를 통한 질병의 선별 및 조기 발견은 거의 불가능
하다고 했다. 그녀들은 병원에 가도 정확한 병명을 알 수 없고 의사
의 촉진을 통해 대략적인 질병을 유추하는 것이 대부분이라고 했
다. 더욱이 최신 의료기기는 특권층만 갈 수 있는 소수 병원에 한정
되어 있어 돈이나 계급이 높지 않은 일반 주민들은 쉽게 접근할 수

없는 것이 현실이다.

"MRI? 암 검사? 피검사나 무슨 약품 써 가지고 어떤 병 있나? 알아보는 그런
기술이 북에는 없지. 나는 남한 와서 MRI를 처음 봤어. (북한에 있을 때) 무
슨 병 때문에 옆집 ○○이 죽었는지 아무도 몰라… (중략) 항암 치료나 방사선
치료도 진짜 돈 있는 고위층이나 중국 가서 하고, 평양에서 제일 좋은 병원은
뭐 김 부자네만 가는 거니까 우리 같은 사람들이 병원 가면 죽어서 나오는 거
야…."

– 참여자 9 –

"남한처럼 고혈압이니 당뇨니 그런 게 있간요? 뭐 맹장이나 정말 큰 거 누구나
잘 아는 거 그런 거는 하지. 그런데 무슨 듣도 보도 못한 그런 병은 북한에 없단
말입니다. 병원에 가도 엑스레이가 단데 무슨 병인지 어떻게 알아요? 모르는
게 약이라고 괜히 알면 더 힘들기만 하지. 어차피 치료도 못 할 거…."

– 참여자 5 –

4. 약물남용과 오용

대부분의 북한주민들은 장마당에서 약을 구매해 직접 치료하거
나 민간요법에 의지해 건강관리를 한다고 했다. 출처를 알 수 없는
약을 구매하거나 감염수칙이 지켜지지 않는 주사 치료로 인해 추
가적인 건강 문제가 나타나고 있었다. 한 참여자는 근육주사를 맞
고 일주일 사이에 죽은 동네 주민을 떠올리기도 했다. 무엇이 잘
못되었는지 잘 이해하지 못하는 듯했다. 의사의 진료를 통한 진단
과 치료가 아닌 자의적 판단에 의한 치료가 이미 만연한 북한주민
들에게 감염관리나 보건위생에 대한 개념은 다소 낯설게 느껴지는
듯했다.

아스피린, 페니실린이면 해결

"북한은 그저 보통 아프면 내가 진단하고 내가 치료하는 거죠. 뭐 병원 가서 약 사다 먹고, 뭐 무슨 알약 같은 한약재 있어요. 그거랑 아스피린이 젤 최고 약이죠. 무슨 병인지도 몰라 그냥 아프면 아스피린 먹는 거야. 그거 먹고 바로 또 일 나가야 하니까…. 아니면 중국에서 아미노산 이런 영양제나 염증에 맞는 암피실린, 페니실린 그런 거 있으니까 그거 사다가 엉덩이에 맞는 거죠…. 근데 옆집에 어떤 여자는 그 주사 맞고 일주일 사이에 죽었잖아…. (중략) 의료인 면허증? 그런 거 없지. 그냥 옆집 앞집에 누가 주사 잘 놓는다 그럼 거기 가서 돈 조금 주고 (주사) 맞고…."

- 참여자 4 -

나도 모르는 사이에 중독, 아편

"맨 처음에는 배가 너무 아프다고 하니까 장마당에서 아편을 구했는데 그걸 정말 손가락에 찍어 먹였는데 애가 바로 괜찮아지는 거지…. 그러다가 남편이 아편에 중독되고…."

- 참여자 5 -

기준과 규제가 없는 약 판매

"약이 다 부족해서 개인이 장마당이나 그런 곳에서 구해서 병원에 가지고 들어오고 그런 거죠. 아유 지금은 중국에서 필요한 건 약부터 전부 다 들어오니까 돈만 있으면 다 구매할 수 있어요. 약국도 들어와 있고, 그저 약사… 여기처럼 약대를 안 나오고, 자격증이 없어도 약 팔면 약 파는 집이니까… 북한은 그게 불법은 불법인데 돈으로 다 되니까… 그게 의사나 간호사 면허증 있으면 약국을 차릴 수 있어요. 그게 약국을 차린다는 게 국가 승인을 받은 게 아니라 집에서 그 의료인 면허증 있는 사람들은 가능해요. 단속 뜨면 면허증 보여주면 되니까… 다들 집에서 약 팔고 그런 거 많아요."

- 참여자 2 -

5. 병원 치료도 돈이 있어야

북한사회의 보건의료체계의 특징은 무상치료제도와 예방의학 제도이다. 현행 「북한 헌법」상에 무상치료권을 규정하고 있으며(제72조), 「인민보건법」상에 환자 치료를 위한 모든 약의 무료 제공, 진단-검사-치료-수술-왕진-입원-식사-요양 등을 언급하고 있다(통일교육원 북한이해, 2022). 또한 국가의 질병예방을 위한 관리와 활동을 강조하며(제18조), 예방치료 사업 시행을 위한 의사담당구역제 운영을 명시하고 있다. 그러나 지속된 경제난과 장마당을 통한 시장 자본주의의 유입은 북한의 보건의료체계와 현실 사이의 괴리만 증폭시키고 있다(북한인권백서, 2021; 통일연구원 북한이해, 2022).

이는 중국에서의 탈북과정에서도 똑같이 적용된다. 신분증 없이 숨어 지내는 북한이주여성들은 아파도 병원에 갈 수 없다. 자신의 신분이 드러나 북송될 위협에 처해 있기 때문이다. 근본적인 질병 치료가 아닌 무허가 판매상에게 출처도 알 수 없는 약을 구매해 잠시 증상을 가라앉히는 것이 전부라 했다.

한 참여자는 중국 체류 과정에서 당장 죽고 사는 문제가 더 중요하다 보니 질병을 치료해야겠다는 생각보다는 잡히지 말고 살고 보자는 생각이 더 클 수밖에 없었다고 했다. 그녀는 자신의 건강상태가 좋지 않다고 말하면서도 이를 대수롭지 않게 생각하고 있었다.

죽을 때가 돼서야 가게 되는 병원

"북한도 무료라고는 하지만 나라 자체가 살기 힘드니까 건강검진 제공받기가 어렵고, 군인 같은 경우는 뭐 군대 들어갈 때 한다고는 들었는데 대부분 사람들

은 정말 너무 아파서 못 버틸 때 그때 가니까 이미 병은 퍼질 대로 퍼지고 손쓸
수 없어서 죽은 경우가 많은 거죠."

- 참여자 5 -

민간요법과 일반인의 의료행위

"다행히 나는 딸이 간호원 학교를 졸업하고, 조카도 의대 졸업했으니까 북한
은 돈이 없으면 치료는 못 해요. 주사 찌르는 데 얼마 주고, 그래서 일주일 정
도 영양제를 조카가 일하는 곳에서 맞고 다시 병원에 가니까 혈소판 수치가 올
라서 수술했어요. 조카 일하는 병원 가서 주사 맞고. 그런데 내 주변에 보면 장
마당에서 다 사 가지고 와서 (의료인 면허증 없어도) 가족끼리 놔주고, 그러잖
아…."

- 참여자 4 -

"북한은 애 낳으면 관리하는 게 없고 그저 애 낳고, 몸보신한다고 곰열(쓸개)도
먹고… 돼지족도 과 먹고 중국에서 좋다고 하는 약도 들여와서 먹고…."

- 참여자 4 -

불법의료시술소

"너무 아파서 참고 참다가 불법 시술소에 갔어요. 진짜 죽을 거 같아서 갔는데
거기 가니까 무슨 가정집같이 생겼는데 중국은 그렇게 집에서 의료시술 하는
데가 많단 말입니다. 가정집에 넓적한 판자에 누워서 질경을 넣더니… 그리고
나서 남한에서 건강검진을 하는데 내 난소가 없다는 걸 알았어요. 지금 생각해
보니까 그때 수술을 잘못한 거 같아요."

- 참여자 5 -

6. 생존이 우선

그녀들은 탈북과정에서 발생하는 크고 작은 문제들은 자신의 목숨에 비하면 크게 중요하지 않았다고 했다. 당장 잡히면 북송되어 노동교화소에서 평생을 보내거나 죽을 수도 있다고 했다. 탈북과정에서 인신매매나 성폭행, 강간 등의 위험에 노출되는 것은 이미 북한을 탈출하기 전에 예상했던 일이라고 답변한 경우도 있었다. 한 참여자는 괜히 중국에서 자신의 신분이 드러날 만한 행동을 하다 붙잡히는 것이 몸과 마음이 아픈 것보다 더 두려운 일이라고 했다. 그래서 너무 아프고 힘들더라도 참고 견디는 것이 어느 순간 익숙해졌다고 했다.

통증도 잊는 극한의 상황

"허벅지에 나무 조각이 박혔는데, 그냥 천 쪼가리로 묶고 나서 또 뛰었단 말이야. 잡히면 북송인데 그래서 너무 아파서 다리 절고 다녔단 말이지. 나중에 허벅지가 너무 파여서 조선족이 한번 보자 하더니 총알 박힌 것처럼 그런 모양새라 했단 말이지. 나중에 한국 와서 보니 의사가 파상풍 아니었나 했어."

– 참여자 6 –

내 것 아닌 내 몸

"그거 모르면 탈북 못 하지. 다들 여자들 중국 넘으면서 남자들한테 몸 안 준 사람 어디 있데? 그래야 국경 넘고 어디라도 가서 입에 뭐라도 먹고 그러는 거지. 그게 거기서 그렇게 중요하지 않아. 일단 살고 봐야 하잖아."

– 참여자 7 –

인신매매

"몸뚱어리 이미 내 거 아닌데 어쩌겠어? 중국 놈들이나 조선족 연놈들은 우리 같은 사람 빼돌려서 돈줄 잡으려 하는 건데. 아 낳아 달라 시골 끌고 가서 아 낳고…."

- 참여자 9 -

"제가 정치지도원이랑 아무 말도 안 하고, 그 사람들한테 백 위안씩 주기로 하고, 물건이 도착하려면 이틀 정도 걸리니까 그때 당시는 여자를 사고팔고 하느라 조선족 사람들이 날고뛰던 때였는데 제가 거기 걸려든 거죠. 인신매매단에 팔려서 북한에 못 가고 저는 거기 팔려 갔죠…. (중략) 인신매매단에서 도망치는 과정이 정말 험난했어요. 제가 혼자서 도망친다는 게 그래서 그때 동네 팔려 온 어린아이가 있었어요. 20대 정도? 18살? 때 와서 거기서 몇 년 있었던 거죠. 걔랑 같이 도망쳤는데 며칠을 먹지를 못했어요. 그러면서 도망쳐서 중국의 어디냐? 중국 돈화?라는 곳은 사람이 너무 많아서 이게 그 강냉이밭에 볏짚을 세워놨는데 세워둔 옥수숫대 들어가면 안 추워요. 그때 당시는 저는 제가 죽을 줄 알았는데 저는 살았어요."

- 참여자 2 -

4장 그녀들의 이야기 II - 남한에서

남한에 도착했다고 모든 문제가 해소되는 것은 아니다. 이들이 중국 체류 과정에서 겪는 부정적인 경험들은 남한에 정착해서도 그들의 정신적 건강에 영향을 미치고, 새로운 환경에서의 생활은 스트레스를 가중시켜 불안이나 우울증과 같은 정신건강 문제를 가져오기도 한다(문숙제·김지희·이명근, 2000). 더욱이 탈북과정에서 북한이주여성들은 불법체류자 신세로 언제 북송될지 모를 위험에 노출되어 있다. 당연히 그런 상황에서 병원 치료를 받기란 불가능하며 주로 불법적인 약을 처방받거나 민간요법에 의존한다(지상민, 2020). 그러나 한 개인이 과거에 겪은 외상으로부터 회복을 유도해줄 치료적 개입이 없는 상태에서 새로운 환경에 지속적으로 높은 수준의 스트레스가 노출될 경우 이전의 외상(트라우마)으로부터 회복은 힘들어질 수 있다(김연희, 2004). 이러한 문제는 탈북여성들의 심리적 안녕에 영향을 미치고 남한사회에 정착하는 데 부정적인 요인으로 작용할 수 있다. 더욱이 그들은 탈북에 성공하더라도 북한에 두고 온 가족과의 분리 경험으로 인해 남겨진 자들에 대한 죄책감으로 고립감, 우울감을 동반하기도 한다.

손지혜 외(2021)의 연구에서는 탈북민을 대상으로 지원되는 치과 진료의 치료비 지원이 단발적이고, 비급여 항목이 많아 보조금을 지원받을 수 있는 해당 연령까지 기다리거나 도중에 치료를 포기하는 것으로 나타났다.

한편 새로운 문화권에 적응하는 것은 북한이주여성들에게 정체성 혼란, 우울, 소외감으로 인한 정신적 스트레스를 야기할 수 있다 (김연희, 2004). 특히 폐쇄적이고 가부장적인 북한사회에 비해 개인의 욕구와 취향이 중시되는 한국사회의 문화는 북한이주여성들에게 혼란을 야기할 수 있다. 북한이주여성들은 남한사회 정착 이후에도 가부장적인 성별 분업구조 내에 고착됨에 따라 출산과 육아, 가사 노동을 전담하게 되면서 가족 구성원들로 인한 일상 스트레스의 수준이 높다(박정란·강동완, 2011). 이는 모든 여성이 공통적으로 경험하는 스트레스지만, 난민 및 이주여성의 경우 새로운 사회에 적응할 수 있는 사회적 자본의 부재로 인한 일상생활 스트레스가 증폭될 수 있다(김재엽 외, 2013).

동일한 스트레스 사건이 발생하더라도 과거 사건(성매매, 성폭행, 강제결혼 등)으로 인한 심리적 불안정 등이 일상생활의 스트레스에 부합되어 복합적으로 작용할 경우 개인의 우울감이나 불안감은 더욱 증폭될 수 있다(강차연, 2006; 최현실, 2011; 김재엽 외, 2014). 결국 건강 문제는 북한이주여성들이 경제활동을 하고, 남한사회에 적응하는 데 부정적인 영향을 미칠 수 있다(전우택, 2000; 김재엽 외, 2014). 따라서 북한이주여성들의 건강 문제는 남한 입국 이후의 경험뿐만 아닌 재북 시, 탈북과정을 포함한 생애주기의 흐름과 사회적·환경적 요인 등을 수반한 다차원적인 요인에 근거해 복합적으로 파악하는 것이 필요하다(전우택, 2000).

더욱이 남한과 북한의 문화적 이질성은 북한이주여성들이 치료시기를 놓치거나 제대로 된 지원을 받길 거부하는 형태로 나타날 수 있다. 남한에 비해 정신질환에 대한 거부감이 큰 북한의 경우 이를 받아들이지 못하고, 정신질환에 대한 의식 개선과 정신건강 서비스를 거부하는 사례로 이어질 수 있다. 그러나 많은 연구에서 스트레스 수준이 높더라도 이를 완화할 만한 사회적 지지 체계가 존재할 경우 우울증이나 자살 생각 등의 정신건강 문제의 위험성을 낮출 수 있다고 보고한다(Hovey, 2000; Bhugra and Jones, 2001; Goosen et al., 2011). 한편 질병에 대한 새로운 정보는 북한이주여성들이 당뇨나 고혈압 등의 만성질환에 대한 장기적이고, 지속적인 관리의 중요성을 인지하지 못하거나, 자의적 판단으로 약물 치료를 중단해 추가적인 합병증을 유발하는 상태로 나타날 수 있다.

1. 그녀들의 망설임

참여자들은 남한 입국 이후 건강검진과 진료 지원으로 건강 문제가 가시적으로 드러나기 시작한다고 했다. 하지만 경제활동 및 한국문화 적응에 대한 걱정 등으로 즉각적인 치료보다는 남한사회 적응을 위한 관심이 건강에 대한 관심보다 앞서 있어 심한 상태가 아니라면 병원 방문은 미루게 된다고 했다. 본질적으로 들어가면 이는 재북 시의 체화된 의료신념과 깊은 연관성이 있는데 참여자들은 병원이란 곳은 죽도록 아파야지 갈 수 있는 곳, 돈이 있어야 갈 수 있는 곳으로 인지하고 있었다. 특히 돈에 의해 움직이는 북한 의료진에 대한 불신과 자가치료가 만연화된 북한사회의 의료신념이 내재되어 남한 입국 이후에도 병원 방문을 망설이는 것으로 나타났다.

죽도록 아파야지 가는 곳

"병원에 간다는 건 진짜 너무 힘들 때 죽을 거같이 아플 때 가는 거지 별로 심하
게 아프지도 않은데 갈 필요가 있내? 중국에 있을 때도 병원 하나 제대로 못 가
고 참았는데 괜히 병원 갔다가 암이라도 걸렸다고 해 봐. 모르는 게 약이지. 안
그래요?"

- 참여자 2 -

의료진에 대한 불신

"북에 있을 때는 병원이라고 구경도 못 해 봤어요. 돈 없으면 못 가는 곳이 북
한 병원인데 의사들도 믿을 게 못 되고, 자기들 뒷주머니에 돈 채워 넣기 바쁘
단 말입니다. 의사들도 믿을 수가 없어요. 그저 내가 내 몸을 젤 잘 알지 않겠어
요?"

- 참여자 5 -

비용부담

"남한 오니까 여기저기 병원이 넘친단 말입니다. 근데 무턱대고 들어갔다간 다
돈이에요. 내가 탈북해서 중국에 있을 때는 진짜 죽을 거같이 아파서 맹장이 터
지기 직전이었는데도 알약 하나로 버텼단 말입니다. 그런데 조금 아픈 거 가지
고 환경이 바뀌었다고 남한에서 막 (병원)가는 거는…."

- 참여자 5 -

"북한에서 병원 간다 하면 진짜 죽기 직전에 간단 말이죠. 남한에서 병원 간다
고 하면 왠지 내가 큰 죽을병 걸린 거 같고… 또 괜히 돈도 많이 나올까 봐 걱정
되고, 누가 그러는데 남한에서 병원 가면 다 돈이라던데 내가 아는 사람은 응급
실 갔다가 빈털터리로 나왔잖아."

- 참여자 7 -

2. 의사소통의 장벽

북한사회에 비해 다양한 분야에서 급진적인 발전을 이룩한 한국사회에서의 적응은 북한이주여성들에게 문화적 차이와 가치관의 갈등을 경험하게 한다. 참여자들은 외래어가 일상적인 남한 의료환경에 낯섦을 느꼈다고 했다. 무엇보다 질병에 대한 지식도 부족하고 북에서의 치료 방법과는 다른 점 때문에 자신의 건강상태를 이해하기도 약물치료에 쉽게 동의하기도 어렵다고 했다. 또한 독특한 말투가 자신과 타인을 구분 짓는 사회적 편견의 잣대로 작용하는 것은 아닐까? 하는 우려 섞인 목소리도 있었다.

알아듣기 어려운 외래어

"병원 가니까 죄다 내가 모르는 말인데 새로운 곳에 와서 모든 게 낯설잖아. 근데 몸은 아프고 제정신일 리가 있나. 하라는 건 많고, 복잡하고 병원에서 뭐라고 하는지 하나부터 열까지 다 모르겠는 거야. 그래서 내가 참다 참다 그냥 마지막에 물어봐. 이거 해로운 거요, 아니오?"

– 참여자 7 –

생경한 병명과 진료과

"피검사를 했는데 갑상선 뭐라 하나? 내과도 뭐 소화기, 뭐 뭐 심장? 이것저것 많지. 도통 내가 뭐가 문제인지 모르겠는 거예요. 북한에서는 내과 외과 산부인과 이런데 여기(남한)는 엄청 나뉘어 있고 우리가 안 쓰는 말을 쓰는데 북한에서는 듣지도 못한 병명을 듣고 계속 약을 먹어야 한다는데 왜 증상도 없는데 약을 먹어야 하는지 나는 모르겠는 거지. 그래서 몸도 많이 안 아픈데 왜 약을 먹어야 하냐고 물어봤어요."

– 참여자 2 –

북한과는 다른 의학상식

"나는 염증이 밖으로 피 안 나도 속 안에서 다친 것만큼 아프다는 걸 여기 와서 한 1년 지나서 알았나? 북한에서는 염증이라는 말을 잘 안 쓰거든. 간지럽기만 해도 피부염, 무슨 염들이라고 말하잖아."

- 참여자 6 -

다른 말투에서 오는 불편한 시선

"의사가 이것저것 물어보는데 내가 말투가 다르니까 괜히 위축되고 혹시 북한에서 왔다고 나를 이상하게 보는 건 아닐까? 괜히 뒤에서 속닥거리는 거 같고… 그래서 조선족인 척하거나. 궁금한 게 있어도 못 물어보고 그냥 지나가게 되는 거죠."

- 참여자 5 -

3. 의료지원서비스의 한계

참여자들은 재북 시의 경제적 상황을 설명하며 굶주린 배를 움켜쥐고 "오늘은 밥을 먹을 수 있을까?, 내가 얼마나 버틸 수 있을까?"를 걱정하는 것이 현실이었다고 했다. 그녀들은 희멀건 죽 한 그릇이라도 먹을 수 있다면 그건 다행이었다고 했다. 그러다 보니 영양불균형으로 잇몸이 약해져 이가 빠지고 이른 폐경으로 골다공증이 오거나, 탈북과정에서 고된 노동으로 근골격계 질환이 더해지면서 남한 입국 후에 치과 치료나 비급여 치료가 필요한 항목에 대한 비용 부담을 경험하고 있었다. 특히 치과 치료의 경우 대부분의 참여자는 임플란트나 틀니 치료가 필요한 상태였는데 급여지원이 가능한 연령대를 제외하고 치료비 부담으로 치료 시기를 고민하고 있었다. 이 외에도 골다공증을 앓고 있는 참여자들의 경우 비

급여 주사 치료의 비용 부담으로 맞춤형 의료비 지원의 필요성을
토로하기도 했다.

병원 가면 다 돈이에요

"아직 나이가 안 돼서 임플란트 지원을 못 받는 거예요. 하나원에 있을 때 백만
원 보조금이 있었거든요. 그걸로는 지금 해야 할 임플란트가 8개인데 턱없이
부족한 거죠. 당장 필요한 이만 2개 하고 나머지는 못 하고 있어요. 우선은 돈
을 벌 때까지는 버텨봐야죠."

– 참여자 2 –

맞춤형 의료 지원의 필요

"북한에 있을 때부터 먹고사는 게 힘드니까 영양실조에 위장 질환에 중국에 있
을 때도 매번 긴장하면서 제대로 먹지도 못하니… 몸이 멀쩡하질 못해요. 하도
일해서 관절 때문에… (중략) 남한에 와서 치료는 안 받았는데 걷기 힘들고, 온
몸이 쑤시니까 동네 병원에서 검사했더니 퇴행성 관절염이라고, 골다공증이라
고 하더라고요. 병원에서는 무슨 주사를 맞으래요. 한 번에 10만 원이에요. 3
개월에 한 번씩 주사 맞는데 주사는 비급여라 제가 돈을 추가로 내죠. 비급여
로 돈을 내려니 부담이 많이 되죠…. 이런 거는 좀 지원을 해 주면 좋을 거 같은
데…."

– 참여자 8 –

4. 만족스러운 의료지원서비스

참여자들은 남한 정부에서 지원하는 다양한 의료 지원을 이용
하고 있었는데 심리상담 치료, 생애주기 건강관리(건강검진), 예방접
종, 건강관리 교육 등이 있었다. 이들은 자신의 건강을 국가가 책임
져 주고 무료 예방접종이나 건강검진을 통해 사전에 질병을 예방

하고, 건강을 관리할 수 있다는 점에서 남한의 의료지원서비스를 긍정적으로 평가하고 있었다. 특히 여성건강관리와 관련해 여성만을 대상으로 추가적인 의료서비스를 제공하고, 성교육이나 산전·산후관리, 갱년기 여성 건강관리 등을 통해 건강에 대한 정보를 얻고, 물질적 지원을 통해 건강관리에 비용 부담을 줄일 수 있다는 점에 대해 만족감을 드러내고 있었다.

부가적으로 현재 정부에서는 「북한이탈주민의 보호 및 정착지원에 관한 법률」을 개정(2022년 6월 22일부터 시행)하여 북한이탈주민의 의료비 지원 신청자격을 확대하고 취약계층 맞춤형 의료지원사업을 통해 안정적인 남한사회 정착을 지원하고 있다. 구체적으로 의료 및 치과(틀니: 연간 백만 원) 비용을 지원하고 있으며 만성·중증·희귀난치질환 치료를 위한 협력병원 연계사업을 통해 의료 이용의 접급성을 높이고 있다(김정근 외, 2020). 한편 남북하나재단에서는 심신장애로 인한 건강상의 문제를 회복하고자 24시간 상담센터를 설치하여 정착지원 상담 및 여성가족부 성폭력 피해 상담, 보건복지부 자살예방 상담과 연계되도록 지원하고 있다(통일백서, 2022). 이 밖에도 탈북민들의 대다수가 경험하는 심리적 문제를 해결하기 위해 「마음건강센터」를 확장·이전하여 보다 쉽게 이용할 수 있도록 운영하고 있다.

무료 예방접종과 생애주기 건강관리

"북한은 예방접종이나, 나이에 맞는 건강관리 교육같은 거 없어요. 그저 여자는 생리할 때 어떻게 위생 관리하는지가 끝이고, 성관계, 임신, 출산 교육 같은게 전혀 없단 말입니다. 여기 오니까 그런 교육도 해 주고…. 저번에는 갱년기

여성 대상으로 건강관리 교육한다고 갔는데 무슨 비타민 D를 받아왔어요. 북
한에서는 사기도 어려운데 공짜로 영양제를 받았다니까요…. 저는 시간을 내
서 참석하는 편이에요."

- 참여자 1 -

심리상담

"내가 힘든 걸 누가 들어주는 것만으로도 뭔가 풀리면서 힘든 게 사라지잖아
요. 북한에 살 때는 이런 게 있었는지도 몰랐어요. 북한은 정신과가 눈에 띄지
않아요. 아무래도 사회적으로 안 좋게 보는 것도 심하죠. 그러다 보니까 저는
북에 살 때도 우울증이 있었는데 그런 지원을 받아본 적이 없거든요…. (중략)
심리상담 몇 번 가지고 단번에 해결할 수는 없죠. 근데 내가 너무 많이 상처를
받고 내 마음도 내가 조절할 수 없는 그런 상태니까 상담이라도 안 하면 너무
힘든 거예요. 우울증 다 있을걸요. 없는 사람이 없어요. 없는 게 이상한 거죠.
(우울증이)심하냐 덜하냐 정도일 텐데…. (중략) 저는 일주일에 두 번씩은 보건
소에서 상담전화가 오고, 주 1회는 직접 만나서 심리치료를 받고 그래요."

- 참여자 3 -

원스톱 건강관리

"북한에서는 건강관리라는 게 그런 거 없어요. (남한은) 보건소 가면 무료로 해
주는 것도 많은데 북한은 말만 국가가 다 해 준다 그리고 해 주는 게 없거든요.
당 체크도 해 주고, 요새는 건강관리 프로그램도 있어서 어떤 거 운동하고, 식
사는 어떻게 하고, 앞으로 어떤 식으로 관리해야 하는지 한 번에 다 알려주는데
보건소에서 시키는 대로 하면 종합비타민도 주고, 체중계도 주고 지원이 풍족
하잖아요. 아무래도 그런 비용 부담을 줄일 수 있으니까 도움도 되고, 내가 잘
몰랐던 건강정보도 알려주니까 혼자 건강관리 하는 데 도움이 많이 되죠."

- 참여자 5 -

5. 그녀들의 건강관리 방식

북한이주여성들의 경우 재북 시부터 지속된 질환이나 탈북과정에서 외상 사건 경험에 의해 전반적인 삶의 기능이 저하되어 있는 상태다(김정근 외, 2020). 이들은 민간요법이나 장마당의 약품 구매를 통한 무허가 의료행위에 익숙해져 있다. 그러다 보니 남한사회 입국 후 질병을 치료하기 위한 병원의 진료과 선택부터 기본적인 의료상식에 이르기까지 모든 것이 낯설게 느껴질 수밖에 없다. 주로 건강증진 행위에 대한 관심보다는 남한사회에서 어떻게 정착할 것인가에 초점이 맞춰져 있다 보니 경제활동이나 교육에 관심이 집중돼 있다. 그녀들은 일상에서 쉽게 접근할 수 있는 방법으로 건강을 관리하고 있다고 했다.

예컨대 참여자들은 남한 입국 후 건강검진과 진료를 통해 건강상의 문제를 인지해 가며 주변의 다양한 네트워크를 이용해 자신만의 건강관리를 수행하고 있었다. 대부분 미디어를 통해 건강정보를 획득하고 있었으며, 가족의 지지를 통해 건강관리를 하는 경우 단독으로 탈북하는 경우 지인, 친구, 동료를 통해 얻은 건강정보로 건강증진 행위를 하고 있었다.

미디어를 통해 알게 되는 건강정보

"요즘에는 인터넷이나 뭐 유튜브에 많이 올라와 있잖아요. 거기서 찾아보고, 얼마나 의학 정보가 넘쳐나요. 의사들도 나와서 이게 좋다 저게 좋다 알려주고, 유튜브 들어가면 얼마나 구체적으로 나와 있는데…."

– 참여자 4 –

"유튜브에 따뜻한 물이 좋다고 하더라고요. 그래서 매일 먹고 있어요. 순환이 잘 되고, 세균을 다 내리 밀어서 좋다고 하니까. (웃음) 다른 거는 없고, 따뜻한 정도로 맞춰서 먹고 있어요."

- 참여자 7 -

가족이 최고의 지원자

"저는 탈북할 때 딸로 같이 와서 우리 딸이 챙겨주고, 딸이 일체 엄마 아플까 봐 조금씩 돈도 지원해 주고, 내가 뭐 약 먹는다고 하면 사다 주고, 맨 처음엔 홍삼을 먹었는데 또 딸이 그걸 계속 먹으면 간에 부담된다고 해서 제가 간 수치가 안 좋다고 했잖아요. 그래서 홍삼은 지금 끊고 있고, 종합비타민이랑 칼슘, 비타민 D 이런 것도 딸이 챙겨놨는데 그것도 간에 부담된다고 해서 지금 쉬고 있어요. 저는 딸이 건강은 전부 관리하고, 병원도 같이 가고 가족이 최고지요…."

- 참여자 1 -

동료를 통한 건강정보 획득

"혼자 사니까 점심 한 끼 먹고, 저녁에는 계란 2알씩 먹고, 남한 와서 일부러 조금씩 먹어요. 원래는 고기를 잘 안 먹었는데 소고기 부채살 포장되어 있는 거 300~400g 한 팩 사서 그거 일주일 동안 먹고 그래요. 야채는 매일 챙겨 먹으려고 하죠. 동료한테 들은 건데 아침에 일어나자마자 따뜻한 물 무조건 한 컵씩 먹고 사과랑 당근이랑 비트 같이 갈아 먹으면 좋다고 해서 그거 먹고 그래요."

- 참여자 2 -

의료진의 조언

"지금 병원에서 석 달 동안 간 재생시키는 약 받아서 먹고 있으니까 많이 좋아졌어요. 원장님이 간 수치가 좋지 않다고 해서 그런 건강식품 좀 끊는 게 좋다고 해서 북한에서는 그런 게 좋은 건 줄 알았거든요. 제가 홍삼은 하루에 2번씩 먹고, 흑마늘 이런 거 해 간 몸에 좋다는 건 다 쌓아서 먹었는데 그게 아니더라 고요. 지금 웬만해서 간에 부담되니까 다 영양제는 절제하고, 먹는 식사 같은 걸 신경 써서 먹고, '의사 선생님이 알려준 대로 음식을 신경 써서 먹고 있어요."

- 참여자 4 -

전 주 람

2부

탈북여성과
건강 내러티브

○

제 2부에서는 '건강'이라는 개념을 필두로 북한이주민들이 북
한에서 자신들의 건강을 어떠한 방법으로 돌보아왔는지, '1세대
탈북언니들의 건강비법', '윗동네 언니들이 경험한 고향에서의 쏠
쏠한 재미', '다시 생각해도 불편했던 북한에서의 일상', '탈북언니
들의 몸과 마음 회복을 위한 그 밖의 여러 일들' 네 영역으로 나누
어 생생한 대화방식으로 기술하고자 한다. 이를 통해 북한이주민
들과 함께 살아가는 한국사회의 변화에 발맞추어 인간에게 가장
중요한 신체적·심리적 건강관련 이슈를 제시하고 몇몇 논의를 통
해 사회적 이슈를 던지고 논하고자 한다.

1장 탈북언니들의 건강비법

　1장에서 증언한 탈북여성들은 모두 탈북한 지 10년이상~20년 이하된 자들로 40~60세 중년여성이며, 2020년 1월 21일, 22일 양일에 걸쳐 인터뷰한 내용이다. 그들은 자신들이 북한에서의 건강 대처 방법과 탈북과정에서 역경과 다친 심신회복을 위해 무엇을 했는지 잘 설명하고 있다.

소울푸드

　람: 소울 푸드에 대해 이야기해볼까요? 소울푸드란 사전적으로 영혼의 안식을 얻을 수 있는 음식이랄까요. 사람마다 힘들 때 먹으면 위안이 되고 생기가 돋는 그런 음식 있잖아요.

　참 1: 엄마가 해 주는 찰떡이 그렇게 좋더라고요, 절구에 찧어서 하는 거. 지금은 시대가 지나서 그렇지. 여기서 비슷한 건 인절미예요. 찰떡을 고물 해서 먹는데 그게 아니고 푹 찌게 되면 떡에다 기름 발라야 하잖아요. 북한에서는 밀어 가지고 집에서 절편처럼 하는 거예요. 거기다가 기름을 넣고 쪄요. 생기름 바르기 그러니까 종지 꺼내 가지고. 남들은 콩고물에 발라 먹는다는데 그게 아니에요. 집게로 집어줘요. 너무 맛있어요.

　참 4: 여기는 다 가공류잖아요. 콩기름이 북한은 아니에요. 북한은 압착식이에요. 직접 유기농콩을 농사져 가지고 짜요. 그러니까 100프로 유기농인 거예요. 차원이 다르죠. 여기서는 그런 기름이 없어요.

　참 1: 여기는 뭐라 그러지요. 너무 정제를 많이 해요. 그러니까 북한은 콩기름이 노랗고 고소해. 완전 오리지널. 콩이 본연의 맛을 유지하고 있어요. 여긴 기름 냄새 없잖아요. 정제를 많이 안 해요. 하면 할수록 안 좋은 거지.

한두 번이나 할까.

람: (여기서는) 찰떡 못 드셔서 어떡해요?

참 1: 그래서 여기 와서 처음에는 가끔 해 먹었지요. 해 먹는데 맛이 안 나더라고요. 그 기름이 아니고. 절구에다 찧고 가마에다 찌는 방식이 아니기 때문에 다르더라고요.

참 2: 나는 만두. 만두 얇게 피 만들어 가지고요. 만두 하나만 먹어도 배부르게 이렇게 크게 있잖아요. 속에 돼지고기랑 양배추 볶아 넣어 가지고요. 안 그러면 배추 할 때도 있고. 거의 물만두식으로 국물 같이 먹게요. (만둣국처럼요?) 네, 만둣국처럼요. 막 밀어서 칼국수도 해 먹고. 참 자주 했어. 남한에서는 그 맛이 안 나요. 재료도 있고 한데. 소스 같은 거 북에서는 적게 들어가요. 원자재의 고소한 맛 그런 거 있잖아요. 여기는 부재료가 많잖아요. 거기는 재료가 몇 개 안 들어가도 맛있게 먹던 기억이 나요.

참 4: 저는 김치, 할머니가 김치를 되게 잘하셨어요. 동치미, 겉절이도 뭐 안 넣고 해도 진짜 맛있었거든요. 여기서 애를 가졌는데 그거 너무 먹고 싶어서 막 눈물 나는 거예요. 동치미요. 북은 다 백 프로 여기로 말하면 장독대에 해 가지고 숙성을 시키잖아요. 그런데 겨울에 함경도는 굉장히 추워요. 우물 파고 들어가면 냄새부터 확 달라요. 그리고 김치도 다양해요. 잘 사는 집은 보쌈도 하고요. 동태 깍두기, 생태 다 다르거든요. 근데 그 동치미 김치가 정말 끝내줘요.

참 3: 저는 그 원감자 송편이라고 해서 속에다가 김치 같은 거 볶아서 넣어요. 여기도 감자송편 있잖아요. 여기는 무슨 콩 같은 거 넣잖아요. 여기식으로 말하면 야채만두식으로. 야채를 볶아서 넣어요. 원감자는 얼려서 말려서 가루를 낸 거예요. 근데 그게 되게 쫄깃쫄깃해요. 북한에서는 지붕에다 올려놓고 자연으로 얼렸다 녹였다 그러잖아요.

람: 거기가 원재료가 더 좋은가요?

참 4: 그렇죠. 왜냐하면 유전자 변이가 안 되잖아요. 여기랑 맛 자체가 다르죠. 하는 방식도 다르고요. 오염 문제도 없어요. 차가 시골 같은 데는 한두 대 있을까 말까 하잖아요.

참 1: 돼지 사료 먹이잖아요, 여기는. 거기는 집에 사람 먹던 거라도 먹이고, 풀 뜯어 먹이고. 솥에서 사람처럼 끓여 가지고 먹여요. 그러니까 돼지가 항상 뜨끈뜨끈해요. 돼지 주사 안 맞히고요.

참 3: 처음에는 여기 와서 덜 배고파서 고향 맛이 안 나는가 그랬는데요. 그게 아니더라고요. 맛 자체가 틀려요.

참 4: 여기는 가공을 정말 너무 많이 해요. 상업화되어서요.

참 1: 여기는 상추 하나 키워도 비료 들어가지. 좋은 거 찾아 먹기가 힘들어. 우리는 그냥 노지에서 키우잖아요. 농촌 같은 데는 나무 때고. 우리는 재 같은 거 뿌려요. 그럼 벌레가 죽더라고요. 재가 자체가 알칼리가 있으니까요. 그러니까 화학약품 안 쓰는 거예요.

참 2: 여기서 유기농 무기농 하지만 거기는 비료 자체가 없어요.

참 4: 여기서 아프다 보니까 고향이 너무 그리워요. 진짜. 통일되면 무조건 저기 가서 살 거야.

참 1: 언제 우리 고향에서 밤에 별을 못 본 날 있었어? (모두 공감) 별이 다 보였어. 도시고 시골이고 상관없이. 여름이어도 새벽바람 맞으면 추워요. 도시에서 언제 별을 못 본 날이 있었어?

참 4: 제주도 한 달 살이 가서 봤지. 제주도 까맣잖아요. 난 그게 너무 익숙하더라고요. 남들은 무섭다 그러는데 저는 하나도 안 무섭고 고요하고 좋아요. 잠도 그렇게 잘 오고. 몸이 기억하잖아요. 항상. 내가 살던 방식이 익숙해져 있는 거예요. 나는 현대화에 그냥 억지로 이끌려 왔구나. 나의 무의식의 세계는 정말 이런 데를 좋아하는구나. 진짜 체험했어요.

참 1: 근데 신기한 게 아침에 거기는 다 석탄불 때요. 아침 5시쯤 되면 집집마다 연기가 이렇게 막 나요. 그 연기 냄새가 왜 그렇게 구수하데…. 근데 지금은 싫어. 거기 연기하고 여기 연기하고 달라요. 안 좋을 거 같은데 어렸을 때부터 맡아와서 그런지…. 어렸을 때 굴뚝에서 연기 난다는 거 자체가 참 기분이 좋고 행복하더라고요. 여기는 미세먼지잖아요.

참 4: 저는 청정지역에서 살다가 와서 암 걸렸나 봐…. 이 생각도 해요.

참 1: 구글 위성 지도 보잖아요. 옛날에는 파랗던 나무가 이제 없더라고요. 내가 모심기하고 놀던 거기가 다 벗겨져 있고, 그 주변에는 그렇게 묘가 많이 있더라고요. 거기는 화장문화가 안 되어 있잖아요. 거기는 화장이 아예 없어요. 화장문화 들어가게 되면 난리 날 거예요.

참 4: 조상 두 번 죽인다, 몽땅 땅에 묻어요.

참 2: 옥수수 뻥튀기 가루 구하기 어려워요.

참 3: 탈북자들이 많이 팔아요. 옥수수 시장에 가면 꽃처럼 핀 거 있잖아요. 탈북자 애들이 중국 통해 가지고 거래하는 게 있거든요.

참 3: 그건 찬물 넣어서 반죽해 가지고 어디서나 먹을 수 있어요.

참 4: 바로 즉석이에요. 반죽해서 바로 먹어요. 고소하지 그게. 북한 미공급시대 있잖아요. 배급이 끊겨서 여자들 나가서 장사할 때 그때 기차에서 바로 손쉽게 먹을 수 있던 음식이에요. 그래서 그게 추억의 음식인 거예요. 간편식이에요. 그거 하나 먹으면 되게 든든해요.

참 3: 대학생들이 기숙사 생활할 때 필수적으로 갖고 다니는 거예요. 기숙사에서 밥이 되게 부실하게 나오잖아요. 여기 와서 공장 하는 사람이 있긴 하더라고요. 근데 북한에서 먹던 그 맛이 안 나요.

참 2: 돌빼(미니 배).

참 4: 강원도처럼 추운 지방에서 자라는 열매인데, 그것도 입덧했을 때 되게 먹고 싶었었어요. 딸기랑 전혀 다르고요. 미니 사과 있잖아요. 고만해요 사이즈가. 다른 건 몰라도 가을에 문을 열어놓으면 돌빼 향 있잖아요. 진짜 살 거 같아요. 애들 때는 또 따다가 쌀독에 넣어둬요. 그럼 문을 열면 살독에서 향이 확 나요. 익으면서. 매실 비슷한데 모양이 생긴 게 달라요. 모과 향처럼 향기로워. 우리나라 배 있잖아요. 그거 압축시켜 놓은 거에요.

참 1: 그게 안 익으면 떫고 뻑뻑해요. 익어서 서리 맞아 떨어지면 노래요. 너무 노래져요. 산에 올라갔는데 언제 그 향 맡고 돌배나무를 찾아갔어요. 향이 그렇게 좋아요.

참 4: 저희는 그냥 까 가지고 씻지도 않고 그냥 먹어요. 유기농이니까 뭐 씻어 먹는다 그런 생각 자체를 안 했어요. 거기서는 농약 이런 거 관심이 없는 거야. 물에 헹구고 이런 개념이 없어요.

람: 그럼 여기서는 어떻게 하세요? 씻으세요?

참 4: 씻어야지. 베이킹소다나 식초 이런 걸로 해요.

참 2: 북에서도 씻을 때도 있지만 산 같은 데서 따면 그냥 바로 먹는 게 많아요.

참 4: 이건 무조건 씻어 먹어야 한다 그런 개념이 없어요.

참 1: 여기 와서는 씻어 먹지요. 농약 많이 친다는 거 들어서.

참 4: 송이. 비싼 거예요. 어릴 때 편도 왔을 때 아빠가 그걸 말렸다가 차를 해 줬어요. 그걸 먹었는데 편도가 싹 나았어요. 자연산 70~80만 원, 백만 원 도 해요. 일반 송이 말고. 송이 자체는 재배 못 해요. 재배한다는 거 다 가 짜예요. 얼마나 까탈스러운데요. 북한에서도 그게 얼마나 귀한 돈이에요. 그러니까 진짜 하나를 애기 다루듯이 다뤄요.

참 1: 여름 한철, 가을 막바지에만 나오는 거예요.

참 2: 9월 말에서 10월 한 달이야.

참 4: 거기 있을 때는 몰랐어요. 근데 여기 오니까 그게 다 생각나더라고요. 연 변 거 먹었는데 그 맛 안 나더라고요. 판매 루트가 다 있어요. 처음에는 향수 때문에 그렇게 북한 거 먹고 싶어 그랬는데. 이게 너무 비싸요. 중간 마진이요. 장사를 하다 보니까 너무 터무니없이 비싸게 하고. 먹다 보니 까 그 맛도 안 나요. 내가 이럴 바에야 딴것을 먹는다 싶은 거죠. 결국에 는 북한 게 아니라 중국 거 다 가져다 팔아요. 장도 고춧가루만 푹 담가서 오고 그래요. 점포도 없이 세금도 안 내면서.

참 1: 신랑(남한 출신 남성)이 나 임신 때 두부밥을 했는데 '이게 뭐야?' 그래요. 되게 신기하다? 만드는 게 여기랑 달라요. 어? 뭐 만들지? 땡땡이 표도 있고, 이게 뭐지, 느낌표도 있고!

람: 인조고기가 좀 그런 느낌인 거 같아요.

참 4: 인조고기 말 표현이 좀 그렇지?

참 1: 사람고기로 만들었나 싶어요. 재료는 콩이에요. 콩고기라고도 해요. 채식
주의자들 먹는 거 있잖아요.

참 2: 그거를 벨트처럼 길게 쭉 뽑아 가지고 잘라서 거기다 밥 넣고 양념 바르
고 그래요.

참 1: 우리는 계속 들어 와서 상관없는데 여기 처음 듣는 사람은 좀 그렇죠.

참 3: 북한에서도 태반 산후병 없어진다고 먹으라고 그런 말 있어요. 출산하고
태반을 지가 먹어야 된다고 생각하는 사람 있어요.

참 2: 첫애 낳고 산후병이 심한 사람 내 거 아니라 남의 거라도 먹으란 말 있어
요. 그거 먹고 맥은 좀 찾았다고 한 사람 있어요. 그때 이상하게 생각했어
요. 저런 걸 다 먹나? 아가씨 때니까 열몇 살 때. 한 집에 옆에서 산후병
난 사람한테 어르신들이 그게 최고다 최고다 그랬던 모양이에요. 여자가
알고는 못 먹잖아요. 그러니까 신랑이 어디 부위 고기인데 이거 먹으면
다 낫는다더라. 어떻게 먹였는지는 모르겠어요. 쌈 싸서 먹였는지. 어?
그거 먹고 그 사람이 괜찮아진 거 같다, 한 번 더 먹어야겠다, 그랬데요.
그때 신랑이 말해 줬데요.

참 4: 플라세보 효과일 수도 있어요.

개고기

참 4: 밥 먹을 때. 또 당고기 개고기를 엄청 좋아했어요. 여기서는 개에 대한 거
동물 학대 그런 말 때문에 자제를 하게 돼요. 또 여기 와서 강아지를 키우
다 보니까 먹기가 좀 그래요. 저희는 아빠가 7~8월 되면 개장국집 있어
요. 그렇게 아빠랑 가서 둘이 먹고 그랬어요. 죄책감 없이 먹었어요. 왜냐
하면 그건 보약이라고 그랬거든요.

참 3: 개를 자기가 키우다가 잡아먹어요. (참가자 4명 중 3명이 동의)

참 4: 근데 여기 남한에서는 개를 먹으면 나를 보는 시선이 좀 그런 거 같더라고요. 왠지 여기서는 개를 먹으면 뭔가 나 스스로 죄를 짓는 것 같은 그런 느낌이 들어요.

람: 세 분은 내가 키우다가 조리를 해서 먹었다는 거잖아요. 그럼 조리하면서는 어떤 생각이 들어요?

참 1: 몰라요. 그냥 엄마들이 해 주니까 먹어요. 엄마 아빠들이 해 주니까요. 우리들은 안 했죠.

참 4: 그러니까 잡을 때만 안 보면 돼요. 가공해서 먹으니까. 맛있게 한 거 먹을 수 있거든요.

람: 엄마 아빠가 옆에서 잡는 거 알잖아요.

참 1: 알죠. 울지요. 정이 있으니까 불쌍하기는 해요. 아버지들이 잡자! 때리자! 그래요. 그럼 아버지들이 손질해 놓고. 그럼 그걸 엄마들이 부엌에 갖고 들어가 만드는 거죠. 학교나 일 갔다가 들어오면 딱 안 먹던 냄새잖아요. 평상시에는 고기를 접하지 못하는 그런 상태니까. 먹고 싶은 거예요. 그 끓는 냄새만 맡아도요. 울면서도 먹어요. 불쌍해서 울죠.

참 4: 근데 애들이 철이 없잖아요. 다 먹으니까 먹는 거죠. 그냥 고기니까.

람: 개 눈빛….

참 1: 그쵸. 같이 놀던 추억 같은 거 있죠.

참 3: 먹고 나면 괜히 찜찜한데 그래요.

참 1: 그럼 엄마들이 그래요 강아지 한 마리 가져오자. 그래서 또 키워요.

참 4: 저는 그렇게 사니까 당연히 그런 거구나 하고 그냥 먹었어요.

참 3: 개고기는 먹을 게 없어… 먹는 게 아니라 특식이잖아요. 보양식. 고기 먹을 기회가 별로 없으니까.

참 4: 보양식이죠.

참 1: 돼지는 물론이고요. 개, 토끼, 고양이. 닭 키우면 닭. 오리면 오리. 한때 오리 키우세요! 장려하면 또 키워요. 북한은 4월 10월이면 위생관리 해요. 난리 나요. 봄가을이면.

참 4: 문화적 충격이 큰 거 같아요. 여기서는 개를 막 올려주잖아요.

참 1: 북에서 개를 키우면 집 안에서 못 키웠어요. 집에서 키우면 아우 뭐야 그래요. 다 커요. 조그만 개 없었어요. 다 커요. 그때는 안 들어왔지요. 다 잡종.

참 4: 돈 있는 사람들은 좋은 거 키워요. 셰퍼드 종. 막 백 달러 이백 달러 그래요. 97년도 내가 함흥이나 청진 가면 괜찮은 집들은 키웠어요.

참 1: 외국문화가 들어오니까 작은 개가 있지 그전에는 아마 없었을 거예요.

람: 여기서 사람들이 강아지 안고 다니고 그런 거 보면 어떠셨어요?

참 1: 처음에는 막 노려보고 그랬죠. (웃음)

참 4: 북한에서 썩어빠진 세상이라는 자본주의 영화를 보여줬어요. 개가 죽으면 막 제사를 하고 그런 영화예요. 이런 나라다 막 이래 가지고 이상하게 생각했죠.

참 1: 북한에서 그런 영화 되게 탑하거든요.

참 4: 그런 걸 되게 혐오스럽게 생각해요. 짐승한테 막 이렇게 한다.

참 1: 제 부모도 제대로 못 하면서.

참 4: 결국 팩트는 남한테 가지 마라. 그런 거죠.

참 1: 자본주의는 이렇게 썩어빠졌다.

참 4: 지금은 누가 해 놓은 건 먹을 것 같아요.

참 3: 저는 가끔 1년에 한 번은 먹고 싶은데, 사육 상태가 너무 별로예요. 좀 찝찝해요. 언제 봤는데 개가 관절이 안 좋아서 피스 같은 거 관절에 넣었더라고요. 철심. 근데 고기에서 그런 게 나왔었어요. 그거 본 다음부터는 별로예요.

참 4: 언니, 땀 빼면 되게 개운하잖아요.

참 1: 저는 좀 징그럽다는 생각. 나 이제 무슨 생각 하나? 뭐 그런. 마인드가 많이 바뀌었어요.

정력에 좋은 물개 성기, 뱀장어

참 1: 애가 안 서는 거예요. 근데 개를 먹이니까 애가 금방 들어서더라고요.

참 4: 물개 성기 있어요. 그게 북한에서 남자의 정력제예요.

참 1: 북한에서 좀 사는 집들 있잖아요. 남자 발기가 잘 되지 않는 집들은 외국에서 사다 먹여요. 러시아에서요. 또 개 보신탕집 가면 그거만 따로 팔아요. 개당 얼마씩요. 근데 내가 들어본 결과는 그거 먹어도 안 되는 사람은 안 돼요.

참 3: 언제 제가 여기 와서 장어 꼬리를 먹었는데 쳐다보는 거예요. 왜 그런가? 북에서는 장어 있긴 한데 먹는 거 여기처럼 일반적이지 않아요.

참 2: 그런 거 북한에서 혐오스러워해요.

참 3: 뱀 종류 먹는다는 거 그런 인식이 별로 없어.

참 4: 뱀장어 귀해서 못 먹었어요. 갈아 먹으면 좋다고 했어요.

참 1: 장어는 껍질 벗겨 먹어야 되더라고요. 집에서 엄마가 껍질을 벗기더라고요. 바닷장어지! 바다에서 잡았지! 바닷장어가 껍질 벗겨 먹는 건가? 아무튼 벗기더라고요. 매끌매끌하잖아요. 엄마가 너무 안 되니까. 어렸을 때 9살 때 벗기는 거까지 봤어요. 9시 반에 집결해서 산에 올라가야 돼요. 억지로 재우더라고요. 산에 올라가야 하니까. 자고 일어나니까 고소하더라고요. 엄마 뭐 해? 하니까 석유곤로에서 굽더라고요. 기름이 돼지고기 기름만큼 쫙쫙 나오더라고요. 가을 장어라 그런지. 어렸을 때 고기를 박스로 먹었던 거 같아요. 먹으래서 한 입 먹었는데 보니까… 엄마가 껍질 벗겼던 뱀장어인 거예요. 그걸 싸 가지고 갔어요. 회사 직장 사람들이 아침에 식사해요. 이게 웬 귀한 건가 하며 다 먹어요! 그 비싼 걸요.

참 2: 거기 뱀술은 많아요. 흔히. 근데 뱀을 먹는다는 개념은 없어요.

참 4: 우리 동네에 어렵게 사는 친구가 있었거든요. 어떻게 엄마 아빠가 자고 나면 애가 생겨 가지고 애가 열 명도 넘어 나왔어. 근데 젤 큰애가 거의 나랑 비슷한데 막내가 막 기어 다니더라고요. 북한은 그렇게 식구가 많아요. 그 집 애가 뱀고기를 그렇게 잘 먹는 거예요. 애가 우리 모인 데서 먹으라고 막 줘요. 게네가 그렇게 가난했는데 뱀을 그렇게 잡아먹었어요. 북한은 청정지역이라고 했잖아요. 지금 생각하니까 그러니까 얘네가 그렇게 살지 않았나 싶어요.

람: 독이 있는 뱀인지 아닌지 구분을 할 수 있어요?

참 4: 알아요! 딱 보면 살모사도 있고 순한 뱀도 있어요. 저는 모르는데 게네들은 알더라고요. 그래서 그런지 저는 뱀은 안 무서운데요, 쥐가 그렇게 더럽고 혐오스러워요. 게네 집에 다니면서 익숙해서 그런지 모르겠는데 쥐는 그렇게 싫더라고요. 혐오스럽고 시커먼 게.

참 1: 여기도 뱀술 같은 거 해요?

람: 네, 있어요.

대체로 정확한 3식

람: 아침이나 점심드실 때 꼭 먹어야 되는 게 있으신가요?

참 4: 북한에서는 항상 밥상에서 가족끼리 항상 앉아서 얘기하고 그랬거든요. 여긴 SNS가 많이 발달하니까, 또 남편이 사업하다 보니까 가족끼리 앉아서 얘기하고 밥 먹기가 힘들어요. 따로 노는 느낌이 들어요.

참 1: 저는 그 말이 신기했어요. 배고프면 먹는다. 그게 밥 먹는 시간이다. 밥 먹어 하면 안 먹어 그러잖아요? 먹을 때는 배고파서 먹는 거죠.

참 3: 거기서는 그냥 시간 맞춰서 먹었어요. 7시, 12시, 5~6시. (모두 공감) 배가 안 고플 수가 없는 게 군것질을 거의 안 해요.

참 4: 배꼽시계가 정확해요. 북한 사람은 보통 9시, 10시면 자요.

참 1: 보통 6시 반이면 밥상이 차려져 있어요. 북한은 8시면 일 시작이에요. 암만 늦어도 7시에는 아침 끝내야 돼요.

참 3: 잠을 잘 수가 없어요. 청소하러 나오라! 인민반이 문을 막 두드리고 다녀요. 특히 눈 올 때 눈 치워야 된다고.

람: 근데 아침에 일어났는데 배 안 고프면 어떻게 해요?

참 3: 배고파요!

람: 애들 때 먹기 싫지 않아요?

참 3: 아니에요. 애들이 기다려요 밥을. 여기는 먹을 게 너무 흔해서 그래요.

참 1: 주말에는 그래요. 늦잠 자요. 우리도 출근하는 거 힘든데 너그들도 힘들지. 그래 자, 그래요. 주말 전날에는 밤 12시까지 뛰어놀아.

참 4: 지금 우리 아들 아침 안 먹여 보내면 내가 다 불안해요. 우리 아들(9세)은 계란을 되게 좋아해요. 그래서 두 개에다 김치, 사골국 있으면 좋아해요. 계란 두 개는 무조건 먹죠.

람: 환경이 중요하네요.

참 1: 여기야 뭐 일 다니고 싶으면 안 다니고, 먹고 싶으면 먹고 그러죠. 거기는 무조건 일 가야 되고, 학교 하루만 안 가면 데리러 가요.

영양제

참 1: (영양제)그런 개념 자체가 없어요. 애들 자랄 때 뼈 끓인 물은 먹여야 된다 그런 소리는 해요. 뼈 국물 정도 먹으면 좋다 그 정도예요. 옛날에는 수술 같은 거 다 배 째고 하잖아요. 큰 수술 같은 거. 그러면 뭐 보양식 해야 된다 그런 소리 해요.

참 3: 뭐든지 식재료가 풍족하고 많으면 좋아요.

참 4: 먹을 게 흔치 않으니까 그렇지.

참 4: 저는 어렸을 때 아빠가 드시면 훔쳐 먹었어요.

참 1: 거기는 동약국 신약국이에요. 동양은 한약이고 신약은 양방이에요. 거의 환으로 많이 나와요. 우리 엄마가 내가 하도 밥을 못 먹고 하니까 계속 사서 입으로 넣어 줬던 거 같아요. 정기적으로 챙겨 먹었던 거는 없어요. 오메가 쓰리, 비타민 이런 거 없어요. 지금은 챙겨 먹어요.

참 1: 비타민 생기는 대로 다 먹어요.

참 4: 나는 비타민 씨. 비타민 디. 오메가 쓰리 이렇게 세 개 먹어요.

참 1: 제가 안구건조증이 심했어요. 눈이 까끌하고 심했었는데 루테인을 일 년 먹었더니만 눈이 깔깔한 게 없어지더라고요. 야, 이게 진짜 좋네!

람: 이런 경험들 해 가지고 계속 드시는 거예요?

참 2: 난 아무것도 안 먹어. 건강에 좋다는 거 아무것도 먹는 게 없어. 인사돌 같은 거 진짜 사 먹으면 좋나. 궁금한 건 엄청 많은데 사 먹게는 안 되더라고요. 대한민국 건강 챙길 수밖에는 없어. 자고 깨나면 티브이에서 많이 보잖아요. 너무 주입이 많아. 세계에서 가장 비싼 오줌 싸는 것들은 미국 사람들이래. 비타민 그걸 그렇게 많이 먹어 가지고. 어떤 사람은 하루에 약만 78알. 안 먹는 사람이 더 나쁘다는 과학적 근거가 없어요. 약을 처먹는 부부 에스더 부부 그 사람 안 먹는 사람이랑 똑같은 거야. 건강적으로. 비타민 약을 많이 먹어야 좋다, 근거 없는 거예요. 내 체질에 맞아야 돼요. 내 몸에 약이 되는지 독이 되는지.

참 1: 자기가 경험하는 것도 있고 남들이 먹으니까, 아 그래? 남들이 먹으니까 나도 한번.

참 4: 비싸다고 좋은 게 아니에요. 광고 비용.

먹방 프로

람 : 북한에도 티브이에서 먹방 프로같은거 하나요?

참여자들: (모두) 많이는 없어요. 건강에 대한 정보가 거의 없어요.

참 2: 난 미역이란 미역 입도 안 댔는데. 미역이라는 거 먹는다는 개념도 없었는데. 배춧국을 먹었으면 먹었지 미역국은 안 먹었어.

참 1: 내가 동해에 살아서 여름에 엄마랑 바다 놀러 가요. 삼교대면 오전에 시간 있잖아요. 여름에는 성게 잡고, 참미역이 잘 나와요. 놀러 갔다가 그냥 오기는 그렇잖아요. 여자들이잖아요. 좋은 거예요. 주워 와요. 바다에 휩쓸린 거니까 그걸 무쳐 먹었어요. 근데 국은 안 끓여 먹었어요. 여기 오니까 국을 먹어요. 거기선 생일날 국수.

참 3: 신의주 쪽은 미역국 먹어요. 지역마다 달라요.

참 4: 할머니가 전라도 사람이에요. 할머니는 미역국에 계란을 넣었어요. 삶은 계란 반 잘라서요.

참 3: 출산하면 미역국 먹지 않나?

참 2: 난 배춧국 먹었어.

람: 그러니까 거의 생존을 위해 먹은 게 많네요. (모두 공감)

람: 데코를 아주 신경 안 쓴 건 아니고요?

참 4: 돈있는 집들은 자랑을 해요.

참 1: 겨울에 김치 하잖아요. 딱 도마에 올려놓고 딱딱 썰어서, 접시에 딱딱 동그랗게 잘 놔요. 정갈하게! 흩어지지 않게. 접시들이 크고. 어디 가서 접시가 그렇게 안 되어 있으면, '야, 뭐야?' 이래요. 손님 오면 무조건. 김치 대가리는 딸들 못 먹게 했어요. 시집가면 못산다고.

참 4: 글자 간격한번 봐주세요. 좋아해요. 어떻게 보면 없어서 그렇지. 예쁘고 심플하게.

2장 윗동네 언니들이 경험한 고향에서의 쏠쏠한 재미

이 장에 등장하는 인물들 역시 2부 1장에서 증언한 탈북여성들과 동일한 사람들이다. 그들은 자신들이 북한에서 어떻게 쉬는 시간을 가졌는지에 중점을 두어 설명하고 있다. 그들은 바다, 산과 강, 자연환경을 중심으로 일상의 스트레스를 날리고, 사람들과 함께 야외에 부엌을 만들어 어죽을 쑤어 먹곤 했다고 증언하였다. 그리고 기업소에서 배구, 축구, 탁구 등을 칠 기회가 있었으나 자발적이지 않아도 참여해야 하는 사람도 있었다. 또한 한국에서 2003~2004년 방송된 권상우, 최지우 등이 출연한 〈천국의 계단〉을 몰래 북한에서 시청했던 참여자도 만날 수 있었다.

일시: 2020년 2월 21일 금요일, 오전 10:00-12:00
참여자: 참 1, 참 2, 참 3, 참 4(총 4인)
진행자: 전주람

람: 일이 어떤 의미일까요? 스웨덴 언어로 '라곰(LAGOM)'이라는 단어가 있더라고요. '적당히'라는 뜻이라고 해요. 일도 할 수 있는 만큼 적당히 하자는 의미 같던데요. 저도 요즘 일만 하고 있습니다. 북한에 거주하실 때는 어떠셨어요? 쉼, 여가 이런 게 있으셨을까요?

참 2: 없었어요. 난 없었다고 생각해요. '여가'라는 게 티브이 보거나 여행 가거나 뭐 그런 거잖아요. 전 그런 게 전혀 없었다고 생각해요.

참 3: 그냥 그런 거잖아요. 모여서 술 먹고 노래 부르고. 친구들끼리요. 그게 다죠.

참 1: 아, 근데 저는 바다에도 가고, 강에도 가서 어죽도 쒀 먹고, 강에도 가 놀고 그랬어요. 산에도 올라가서 놀고요.

참 4: 어죽도 쑤어 먹고요.

참 1: 우리 어렸을 때 청진 쪽에는 동물원도 있었고, 유원지도 있었고 이래 가지고, 그게 여가 생활이지. 일상적으로 우리는 잘 갔던 거 같아요. 호랑이도 보고요.

참 2: 그거 여가 생활이라고 못 하지. 그게 일 년에 한 번이나 가고 그런 거지. 여가 생활로 길게 하는 건 아니지. 자주자주가 안 되는데….

참 1: 달마다 1번 이렇게는 안 되지.

참 4: 천국의 계단. 재미있는 드라마가 시리즈로 나오잖아요. 그걸 보는 게 너무 좋은 거예요. 어린 나이가 한창 호기심이 발달할 때. 딸하고 거기서. 북에서 그때 눈썹 문신한다고 하는데 퍼렇게 해 놓는 거예요. 제가 그때 너 한국 드라마 봐라, 문신을 그렇게 퍼렇게 안 한다. 저는 그게 너무 좋았어요. 우와! 저렇게 살고 싶다. 몰래 보는 거. 재밌죠!

람: 나만을 위해 온전히 시간을 쓰는 예, 일 주에 2시간 요가 명상. 그런 거 북한에 계실 때 경험해 보신 적 있으셨을까요?

참 1: 미공급 전 일인데요. 기업소에 활동실이 따로 있긴 있었어요. 배구도 하고, 축구 조직도 있고, 탁구 조직도 있어 가지고 자기들끼리 해요. 동사무소 같은 데도 있었고요.

참 2: 무슨 절이면 남자 여자 무도회 하고 난리 나요. "몇 시부터 몇 시까지 무도회 합니다"라고 하면 모이는 거예요.

참 1: 나오라고 하긴 하는데 무조건은 아니에요.

참 4: 난 무조건 나오라고 했어요.

람: 즐거운 마음으로 다니셨어요?

참 2: 사람마다 다르지. 그러니까 조직적으로 해 가지고 내가 참여하기 싫어도 내가 참여해야 될 때가 있는 거예요.

참 1: 올 사람들 오라고 하죠. 가보면 남자 여자 꽉 차 있어요.

참 2: 어쨌든 큰 조직으로 움직이는 거죠.

람: 그러니까 큰 조직으로 움직이는 거네요.

참 2: 개인 여가가 아닌 거죠.

참 4: 그러니까 나의 자아랑은 상관이 없는 거죠. 그러니까 저희가 그거 여가라 고 말하기는 좀 애매모호합니다. 물론 하면서 즐거움을 느낄 수는 있지만 전체적인 틀이 조직으로 움직이는 거죠.

참 3: 영화 한번 보는 것도 여기처럼 예약하고 그런 거 없고. 표 떼는 데 사람들 이 막 미어터지고, 싸우고 그래요. 들어가면 자리가 모자라서 서서 보고 그래요.

참 2: 표 떼다 깔려 죽었다는 말도 들었어….

참 1: 난 새 영화가 나오면 무조건 가서 봤어. 애들끼리 정보를 공유하는 거야. 기업 안에도 영화관이 있어요. 자기네끼리 정보를 공유하는 거예요. 오늘 기업소에서 무슨 영화 해. 기업소 다니는 사람들만 보여주는 거예요. 근 데 학생 때 거길 들어가고 싶은 거예요. 표를 조작하는 거예요. 조작해서 가서 봤어. 그 조작하는 거 우리가 못 하고 언니 오빠들이 조작해 주는 거 예요. 불법이 강해요.

참 2: (평양은 좀 다르잖아요?) 거기도 뭐 개인으로 할 시간이 없어요. 학교에 서 배워줘요. 바이올린 같은 거. 근데 그게 내가 하고 싶어서 하는 게 아 니에요.

람: 좀 수동적이고 그러네요.

참 1: 그렇죠. 자기가 자기 재능을 몰라요. 그러니까 얘, 이거 하면 괜찮겠다 그 렇게 보고 데려가는 거예요.

참 4: 근데 그 사람은 솔직히 자기 재능이랑 상관없이 하는 거예요. 저도 바이 올린 했어요. 저희 반에 몇 명 없었어요. 아빠가 아코디언 갖다 놔도 제가 쳐다보지도 않았거든요. 학교에서 하라고 했는데 제가 안 한다고 하니까 손을 탁탁 때리는 거예요.

참 2: 물론 안 한다고 했을 때 잡아떼고 안 할 수도 있거든요. 근데 그게 뭐로 돌아오냐면 딱 8점을 줘서 우등으로 만들어버려요.

참 2: 나 진짜 체육 학교에서 일등 아니면 따라올 사람 없었다. 철봉, 달리기라든가. 우리 선생이 예술체조 한 거야. 경기 나가는데 한 명이 모자란 거야. 나보고 예술체조 하라고. 근데 난 예술체조 안 했거든요. 그랬더니 졸업증에 8점을 딱 줘버린 거예요.

참 4: 정해 주는 대로 하는 거예요. 직업도 내가 선택하는 게 아니라. 또 거기서 그렇게 살면 사람이 사는 인생이 이런 거구나 하고 살아요. 우리는 긍지롭게 장군님 존경하며 사는 거라고 생각해요.

참 2: 여기는 자기가 원하는 걸 할 수 있잖아요.

참 1: 거긴 민족최대명절 있어요. 이틀씩 무조건 쉬어요. 앞에 바닷가 가고, 명절 때 무조건 떡 하잖아요, 손으로 빚어서. 그거 싸 가지고 가서 바다 솔

밭 쪽에 가서 놀고 그랬어요. 술 마시며 놀죠. 친구끼리 가족끼리.

참 4: 춤추면서 녹음기 틀어놓고. 학교 졸업할 때면 애들이 프리해 가지고. 음악도 그 칠보산 음악 알지요? 춤추면서 놀아요. 외국 노래나 이런 건 자제를 하지요. 산속에 들어가서 몰래 할 수는 있어.

람: 여기랑 다르네요.

참 4: 달라요. 길에서도 누가 노래하면 막 모여서 춤추고 그래요. 기차가 연착되고 그러면 시간이 남잖아요. 그럼 거기서 하루 종일 있을 때도 있단 말이지요. 그럼 거기서 흥이 있는 사람이 노래하고 이러면 춤판을 벌여요. 근데 장군님의 노래를 해야 돼요. 혁명적인 노래를 해야 돼요. 오히려 낭만이 있어요 되게. 어떤 사람은 기타를 매고 오고. 여기는 모든 게 있지만, 거기는 기타 하나만 있으면 춤판이 벌어져요. 어떻게 보면 버스킹이지.

참 1: 그 여가가 뭐라 그럴까, 여행을 자유롭게 할 수 없는 상황이니까. 가까운 곳을 찾아다니며 그렇게 노는 거지요. 내 잠깐의 시간을 내서. 우리끼리 마음 맞는 애들끼리 모여 가지고. 그리고 강에 나가서도 오빠들이 고기잡아요. 야, 어죽 쑤어 먹자 그러면서! 너 대추 가져와 양념 가져와 그러면서! 성게도 있고.

참 4: 깨끗한 물에서 잡아 가지고 먹으면 맛있어요. 돌을 쌓아 가지고 불을 지펴서 해 먹어요. 그러니까 야외에서 부엌을 만드는 거예요. 가마솥 놓고. 대추랑 씻어서 기름에 볶아서.

람: 우리는 경험해 보지 못한 일이에요.

참 4: 만약 전시상태를 대비해서 밥하는 연습을 하라고 그래요. 그때가 5, 6학년 산에 가서 밥을 해 먹어요.

람: 지역마다 다르네요.

참 2: 졸업반 전에 군인생활-훈련 무조건 하는 거죠. 훈련이지만 재미있었어
요. 밥해 먹는 자체가.

참 1: 그러니까 부모들 자체가 시간이 안 돼요. 거기는 6일제거든요. 일요일 하
루만 쉴 수 있어요.

람: 그렇군요. 그럼 여기 한국은 북한과는 뭐가 다른가요?

참 1: 여기는 자유가 있어서 마음대로 여행 갈 수 있어요. 운송수단이 있어서
어디든 가잖아요. 거기는 운송수단이 없어요. 기껏 친척 집 간다고 해서
여행증 끊어 가지고 가고 그래요. 그게 힘드니까 멀리는 못 가요. 통행증
을 받아 가는 게 자주 있는 일이 아니거든.

참 4: 저는 어렸을 때 친척 집 엄청 잘 다녔어요. 어릴 때는 좀 자유로워요. 17
세 이상은 잘 안 나와요. 그때 신분증 나와요. 여기랑 달라요.

람: 직업이라는 게?

참 1: 직업이라는 게 부모 따라가요. 사회성분, 출생성분에 따라서 가는 거예
요. 우리로 말하면 세대주가 보통 아빠고, 아빠 없으면 엄마가 세대주예
요. 세대주의 직업에 따라서 자식들이 따라가는 거예요. 엄마 아빠가 좀
힘이 있다 그래서 다른 데로 빼면 갈 수 있지만, 그냥 일단 내 부모가 무
슨 일 한다 그러면 그냥 해야 되는 거예요.

람: 그렇게 배치되었을 때 느낌이 어떠셨어요?

참 4: 되게 짜증 났어요. 저는 아빠가 자재인수를 했었는데요, 농장원이라는 게
저는 너무너무 받아들이기 힘들었어요. 저는 그거 안 하고 고모네 집이

랑 놀러 다녔어요. 그때 우리 아빠가 저한테 대학을 가라고 했어요. 저는 일 년 동안 너무 혼란스러워서 제가 살던 데서 안 살았어요.(잡혀가지 않아요?) 아, 저희 엄마 아빠가 이혼했거든요. 제 호구를 아빠에서 엄마로 옮긴 거예요. 그러니까 제가 중간에 떠 있는 거예요. 그러니까 통제 못 해요. 내 친구들이랑 샘나는 거지. 다 일하는데 쟤 왜 저러고 다니냐고 남들 다 일하는데 짜증 났겠죠. 그러든지 말든지. 거의 뭐 날라리였지. 마음에 좀 양심적으로 그렇긴 하더라고요. 조직 생활 해야 되는데.

참 3: 아빠는 광산이고, 오빠는 광업대학 갔고. 또 언니는 기능공 학교 가고. 나는 농장으로 배치 받은 거야. 농장 다니는 사람이 없는데…. 저희 엄마가 고향이 중국이에요. 한 달 반 만에 왔다고, 튀어버렸어! 내가 왜 농장에서 일해! 학생 때 출생증 갖고 튈 수 있는 거죠. 사회적으로 붕 뜨는데 배급이 없지. 고난의 행군 들어가면서 주민등록망이 마비가 될 정도였어요. 중국 가고 그러니까. 튀기도 하고 또 돈 있으면 원하는 대로 하기도 하고. 그러니까 엄마랑 같이 일 다니는 거예요. 성분에 따라서.

참 1: 그러니까 군수공장 이런 데 한번 가면 평생 옮길 수 없거든요. 걱정이 많아요. 평생직장인 거예요. 죽을 때까지. 그래서 자식들은 그게 막 스트레스 받아요. 대학은 갈 수 있어요. 근데 성분 때문에 괜찮은 대학은 못 가는 거죠.

참 2: 군수공장 같은 데는 여자가 일하다 시집가면, 남자가 공장 쪽으로 와요. 북한에서는 군수가 짱이에요. 총알 만드는데 포격 만들고, 근데 거기 공기가 엄청 나빠요. 일은 8시부터 4시까지 일해요. 무조건 8시간. 폭약 한 달 내내 만드는 게 아니에요. 근데 만들려고 해도 재료가 없어요. 중국에서 들어와야 되거든요. 두 명씩 24시간 3교대로 돌거든요. 자재 없어 한 달에 많이 하면 보름, 일주일 생산해요. 원료가 없어서 그래요. 나머지는 근무 서요. 가서 분석실. 전화 받고. 뜨로찌(폭약) 전화 대기 서는 거예요. 어디서 전화 오면 전화 받고.

람: 일할 때 만족감은 어떠셨어요?

참 2: 나는 뭐 만족하다 만족하지 않다 그런 개념이 없고 그냥 내가 일해야 된다. 의무적으로, 운명적으로. 함량, 산도 분석했거든요.

참 1: 저는 김일성이 딱 죽었는데요, 애도 기간 한다고 이백 일 전투 삼백 일 전투 그런 게 있었어요. 새벽에 나오라고 해서 일 시켰어요. 짜증 나 힘들어 죽겠더라고요. 확 쪼여서 생산량을 높이겠다는 거예요. 백 일 동안 일 년 치 거를 다 만들어내라. 원래 연말까지인데 이 기간에 다 끝내자 그런 거죠. 아파도 나가야 돼요. 안 나가면 당원들 같은 거 걸려요. 노동당원이 아파도 참고 나와야지 그래요. 앞에서 표현 못 하고 뒤돌아서 사람 잡는다 그래요.

람: 그렇군요. 일할 때 나를 버티게 해 주는 거는 뭐였을까요?

참 1: 거기는 말을 함부로 못 해요. 보위부가 있는데 그 밑에 우리도 말하면 평상 보위부. 숨겨놓은 보위부. 말도 함부로 못 해요. 하고 싶은 말을 참아야 돼요. 스파이 같은 거 있어요. 눈치로도 몰라요, 전혀 몰라요. 만약의 경우 힘들어도 말 못 해요. 고발 들어가면 그렇죠. 되게 무서워요. 암만 힘들어도 어씨! 못 하게 불만 퍼트리면 자식들한테도 안 좋아요. 가족끼리나 얘기하지.

참 2: 여기는 선택의 여지가 있는 거야. 직업이랑 모든 게. 우리는 절대로 없어요. 딱 하라고 하면 하는 거예요.

참 1: 그러니까 사기가 떨어지잖아요. 그거 북돋아 준다고 행사하고 그런 거예요.

참 3: 내가 일한 만큼 가져가는 게 아니니까 건성건성 해요. 그러니까 자꾸 조이는 거예요.

람: 꿈 같은 거 없네요….

참 4: 꿈이라는 거는요. 자다가 일어나서 밤에 꾸는 걸 꿈이라고 해요. 여기서
는 "너 꿈이 뭐야? 꿈이 뭐야?" 그러잖아요. 어릴 때는 뭐 그냥 박사가 되
겠습니다. 그렇게 얘기를 하는데, 사회에 나와서는 그게 현실화가 안 되
잖아요. 그러니까 그 꿈이라는 단어를 크게 안 썼던 거 같아요. 그거야 뭐
진짜 엘리트들이 하는 얘기죠. 우리 같은 사람이야 직장 그냥 내리 떨구
는 거잖아요.

참 2: 꿈에 대해서 얘기가 없어요. 내가 꿈을 꾼다고 할 수 있는 게 아니라는 걸
알기 때문에.

참 1: 혼란스럽더라고요. '동일' 예를 들면, 누구 집 샀다고 하면, '동일' 재테크
하는 거 어떻게 하지? 이제는 아, 이렇구나 알죠. 하나하나 행동들 다 물
음표예요. 혼란스럽더라고요.

참 2: 난 너무 좋았어요. 좋았어. 자기 선택 여지가 있잖아요. 나 판사가 되겠다
고 결심하면 할 수 있잖아요. 그게 꿈이면 할 수 있잖아요. 합격 되면 그
쪽으로 할 수 있잖아요.

참 4: 하나원에서 교육해 주잖아요. 난 법대 가고 싶었어요. 근데 제가 그때 브
로커 비용 천만 원을 들여 왔어요. 중국에서 비행기 타고 직행했거든요.
그래서 못 했어요.

참 3: 난 결정장애라 해야 되나. 하나원에서 교육하는데, '동일' 북한에서는 그
렇게 안 하고 살아서 '동일' 이런 생각 많이 들었어요. 모르겠더라고요. 장
사만 하고 먹고살다 왔으니까. 처음에 운전면허 시험을 보는데 서로 한
다고 해요. 제빵, 요리, 운전면허. 면허에 많이 몰려요. 난 안 하고 싶었어
요. 난 두려움이 생기더라고. 근데 제비뽑기에서 제일 먼저 당첨되었어
요. 북한에서 여자들이 별로 안 해요. 남자들이 해요.

참 1: 나가서 꼭 직업 자기에 맞는 거 하라고 해요. 나한테 맞는 게 뭐지? 적성
검사도 해 줘요. 하면 다 재밌어요. 다 재밌다 보니까 난 뭐 해야 하지?
전 혼란스럽고 그렇더라고요.

3장 다시 생각해도 불편했던 북한에서의 일상

이 장에서는 필자가 연구과정에서 만난 탈북여성들 몇몇을 소개하고자 한다. 그들이 북한에서 어떤 면에서 불편한 일상을 보냈는지, 북한에서 자신들이 수치스럽게 느낀 경험 등은 무엇인지에 관해 토로하였다.

2019년에 탈북한 강예진 씨는 현재 미국에서 유학 중에 있다. 2021년 7월 난 연구차 그녀를 만났다. 그녀는 북한에서 앞머리를 기를 수 없고, 바지는 늘 주름을 넣어야 했던 부분이 얼마나 불편했는지 토로했다. 특히 누구에게도 자유롭게 말하지 못하는 부분에 관해 그녀는 한국에서 자유롭게 말할 수 있는 자유에 관해 숨통이 트이는 듯했다.

강예진(가명) 씨는 한국에서 자신이 하고 싶은 대로 할 수 있는 부분이 좋다고 했다. 자신의 선호에 따라 짧은 바지를 입을 수도 있고, 정장 바지에 주름이 없다고 비판서를 쓰지 않는다고 하니 좋다고 했다.

머리 묶기, 바지 주름 잡기

강: 선생님, 이런 얘기 들으시면 어떻게 그럴 수가 있어 이러시잖아요. 그런데 북한에서는 그게 당연한 거예요. 지금 저 앞머리 이렇게 내렸잖아요. 근데 북한에서는 앞머리도 이렇게 못 내리게 하고 청바지도 못 입게 하고 그렇거든요.

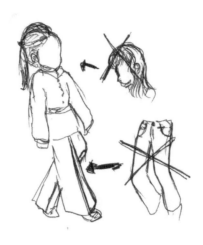

람: 아, 진짜! 지금도?

강: 네. 지금도요. 아마 몇십 년 후에도 바뀌지 않을걸요. 김정은이 있는 이상.

람: 아, 그럼 앞머리 길면 어떻게 되는 거야?

강: 머리카락을 당원 사람들이 잘라요. 머리 올리면 중머리 쑥 길잖아요. 머리 중머리, 머리 꽁지, 긴 머리 했다면은 그거 자르고. 우리 한국은 지금 선생 님처럼 이렇게 하고 풀고 다니잖아요. 그 사람들은 안 돼요, 절대로. 묶어야 돼요. 네. 저는 여기 와서 제가 하고픈 대로 하는 게 있어서 너무 좋은 거 같 아요. 뭐 짧은 바지도 못 입게 하고. 선생님, 혹시 그거 아세요? 그거 주름 바지라고 우리 정장 바지 있거든요. 어디 갈 때 입는 정장 바지. 그 정장 바 지를 꼭 입고 다녀야 해요. 북한은 정장 바지 그 주름 있잖아요. 그 주름이 없으면 안 돼요. 그러면 그날 잡혀 가지고 바지 쨀 끼워 넣거나 가위로 잘 라 놓고…. 비판서 쓰고 잘못했습니다 열백 번은 빌어야 되고 그래요. 그럴

게 어이없는 나라예요. 지금 생각해 보면 그게 뭔데. 그게 뭐 바지 입는다고 해서 우리가 무슨 죄를 짓는 것도 아닌데. 그렇게 우리를 혼내는 거예요. 그 무더운 여름에도 사실 북한은 뭐랄까 도로도 어떤 곳은 또 안 좋은 데는 너무 많거든요. 먼지도 막 날리기도 하고 막 그러기도 한데, 그런데도 정장 바지 새까만 바지 하루 입고 왔다고 하면 정말 겹겹이 입자마자 바로 빨아야 하는 그런 바지를 매일 입어야 돼요. 북한이 사람을 살게 못 놔둬요. 앞머리 때문에 걱정하고 머리 꽁지 묶는 거 때문에 걱정하고. 바지 잘못 입은 거 때문에 걱정하고. 혹시 그날 바지 잘못 입으면 길 가다가도 그 단속하는 사람들이 나와 나타날까 봐 고개를 두리번두리번하고….

어릴 때부터 일하러…

강: 어린애들은 아 초등학교 4학년부터 일하는 나이인 것 같아요. 아니 3학년? 초등학교 2, 3학년부터. 북한은 대체로 오전에 수업을 끝내요. 아침 일찍 시작하거든요, 아침 일찍 한 8시나 네 7시 50분 정도면 수업을 시작해요. 그래서 그때 시작해서 1시면 수업이 끝나서 점심밥을 집에서 먹지 학교에서 주는 게 없어요. 왜냐면은 학교도 줄 게 없다 보니까 학교 학생들 밥 주고 싶어도 안 되는 거예요. 그러다 보니까 다 무조건 집에서 밥을 먹거나 도시락을 싸 와요. 그러고선 맨날 동원을 시키는 거예요. 일하러 가는 거예요. 학교 무슨 뭐 석회 칠한다든가…. 제가 한 초등학교 2, 3학년부터는 맨날 졸업 전까지 계속 일하러 갔었어요. 하다못해 그 농장일 있잖아요? 농장 밭에 가서 김맸었어요. 학교 직원들한테 그 곡식들을 줘요. 가을에 이렇게 곡식을 하면 교사들은 그걸로 또 월급을 그걸로 받는 거죠. 우린 할 수 없이 가야 되는 거예요. 북한은 일단은 언어 자유가 없어요. 언어 자유가 없다 보니까 말을 함부로 못 했는데…. 일단 여기 오니까 그런 것들이 얼마나 나쁜지 말하고 있네요. 정말 우리 한국 학생들이 지금 여기서 생활하고 이런 거 보면서 비교해 보면 야, 우리 불쌍한 북한 사람들이 얼마나 고생하고 있을까, 막 그런 생각이 들죠.

다음 사례는 2019년도 혜산에서 탈북한 이여정(가명) 씨의 말이다. 그녀는 북한 학창 시절을 떠올리며 오가육가를 뽑으러 온 사람들을 통해 수치스러웠던 일을 떠올렸다. 그리고 교화소에 붙잡혀 간 어머니의 생사를 알지 못하며, 돌아가신 아버지는 생전에 어머니를 자주 폭행했다고 보고하였다. 그녀는 현재 인천에서 홀로 거주하고 있지만 근처에 친언니와 형부가 있어 자주 오가며 살고 있다. 아울러 그녀는 남한 적응의 스트레스로 공황장애를 겪고 급격하게 몸무게가 늘었으며, 상대적으로 자신의 외모를 남한 출생 여성들과 비교하며 보다 날씬한 몸매를 스스로에게 요구하고 있다.

오가육가

오가육가라고 아시죠. 거기서 자꾸 뽑으러 내려오거든요. 예쁜 애들을 뽑을 거잖아요. 이쁜 애들을 뽑는데요. 제가 거기 만약에 합격했다 쳐요. 그러면은 신체검사를 하게 되거든요. 근데 그 신체검사 할 때 산부인과 검사도 해요. 거기서 불합격되면은 못 가거든요. 저도 뽑힌 적이 있었는데 근데 신체검사는 못 했어요. 왜냐면은 뼈 다 뽑혔는데 저희 아버지가 귀국자시거든요. 애들끼리 그래요. 그럴 때 막 애들이 진짜 처녀 아닌 게 많다. 처녀막이 없으면 못 가거든요. 여기는 좀 개방돼서 괜찮은데 북한은 너무 창피하게 생각하고 너무 나쁜 짓이라고 생각하기 때문에 안 좋죠…. 거기 뽑히면 되게 좀 약간 프라이드 있고 당당하고 그런 건데… 뽑으러 수업 도중에 들어오거든요. 그 학교 학생들 다다봐야지 예쁜 학생을 뽑을 수가 있잖아요. 거기 시당에서 오당에서 이렇게 뽑으러 내려오거든요. 그 간부들이 버스 타고 학교에 딱 들어와요. 그 간부들이 딱 들어오면 교실에 들어와서 하는 말이 이거예요. "남학생들 자리에 앉고 여학생들만 일어나세요." 한단 말이에요. 그럼 여학생들 다 일어나요. 그러면 쭉 보면서 딱 짚어요! "너 이름이 뭐야? 이름 뭐야?" 외모를 보고 먼저 뽑고 그다음 뽑은 뒤에 상담을 해요. 그때 조사를 하는 거죠. 그니까 배경을 보는 거예요. 북한에서는 토대라고 해요.

생사를 알 수 없는 엄마

람: 엄마가 뭘 하셨었어?

김: 제가 어릴 때는 밀수….

람: 아, 밀수….

김: 제가 좀 크고 나서 어 한 15년도 16년도 그때부터 그런 거 했어요. 인신매매 이런 거 진짜로 한 게 아니라…. 할려고 한 게 아니라 엄마 친구가 부탁을 해 가지고요. 우리 엄마가 뭐 그런 그쪽이랑 선이 있어서 그냥 하고 돈을 많이 받은 거였어요. 엄마가 돈을 받은 것뿐이에요. 그렇게 전문인신매매가 아니잖아요. 엄마가 근데 그 일로 꼬리가 밟힌 거예요. 제가 좀 성격이 아빠 닮아 가지고 너무 신중한 성격이 있거든요. 저는 항상 엄마한테 말했어요. 엄마가 중국에 전화하러 산 같은 데 가거든요. 안테나가 안 서 가지고. 와이파이 이런 게 안 서서 그 높은 데 가서 전화해요. 그때 제가 엄마 조심하랬는데… 엄마가 항상 조심하지 못하고… 그거 때문에 엄마가 교화소 갔거든요. 저는 그거 때문에 트라우마가 있어요…. 그전에 아빠는 또 엄마를 폭력해 가지고 어떤 일이 생기면 무서워요. 2013년도 아빠는 돌아가셨어요. 엄마는 돌아가셨는지 사셨는지 그거를 아직도 몰라요. 알지를 못해요. 그때가 저 고3 때였어요.

한국 적응 스트레스: 외모와 상대적 위축

김: 제가 생각했던 남한과 직접 내가 와서 부딪히는 거랑 좀 다른 것 같아요.

람: 어떤 부분이 다른 거 같아요?

김: 어 그 북한에 있을 때는 제가 다 알잖아. 내가 그런 말도 내가 하는 말이면 다 통하고 모든 걸 거지 내가 그랬잖아요. 여기 오니까 말도 못 하겠고 내가 말하는 것도 못 알아듣고… 뭘 하자고 그러면은 너무 걸리는 게 너무 많았

어요.

람: 말이 어떤 부분이 안 통했어요?

김: 억양, 단어.

람: 어떤 예가 있을까요? 한국말이니 일단 통하기는 하잖아요.

김: 네. 통하기는 해요. 막 풀어서 설명하면은 다 알아는 듣거든요. 근데 막 위축
되는 거예요. 그냥 그런 느낌 항상 자존감이 떨어지고 그냥 쪼그라들어요.

람: 왜 뭐 때문에 위축된다고 생각해요?

김: 그걸 진지하게 생각해 봤는데 아직 답을 못 찾았어요. 어떤 사람들은 여기
오면 너무 좋다고 하잖아요. 남한 뭐 이것도 좋고 다 좋다고요. 이런 케이스
들 많잖아요. 대체로 다 그렇잖아요. 근데 저는 막 다 좋다고 하는 사람은
아니거든요.

람: 뭐 때문일까요?

김: 제일 큰 이유는 뭐 사람들은 어떻게 생각할지 모르겠지만 제가 북한에 있
을 때는 되게 날씬했어요. 근데 한국에 와서 살이 20kg 찐 거예요. 그러니
까 순간에 그 대체 외모가 확 달라졌잖아요. 빵 같은 거 많이 먹었고요.

람: 그렇구나. 그럼 다이어트 중이야?

김: 네. 옛날엔 딱 봐서 그냥 괜찮았었거든요.

4장 탈북언니들의 몸과 마음 회복을 위한 그 밖의 여러 일들

탈북 중년여성들은 어떻게 몸과 마음을 회복하는가? 여기서는 앞서 등장했던 참여자들과 동일한 인물로 탈북한 지 10년이상~20년 이하의 중년 여성들의 증언을 대화체 방식으로 소개하며 기술하고자 한다. 한 여성은 북한에서 아버지가 보양식이라고 해 주었던 토봉꿀과 마늘 등의 음식을 떠올리며 북한의 의사들이 유능하다고 강조하였다. 그러면서 한국에서의 건강검진에서 피를 다섯 통이나 뽑았던 경험을 말하자, 나머지 참여자들은 모두 피를 팔아먹을 작정이었던 거 같다고 맞장구를 쳤다. 그들이 증언한 몇몇 에피소드들은 남북의 문화가 어떻게 다른지 예측케 해주며, 동시에 그들이 생존하기 위해 심신을 어떻게 돌보는지 이해하게 해주었다.

(의사가)피 팔아먹는 줄 알았소!

참 4: 북한에서는 민간요법 엄청 많이 하죠. 우리 아빠는 저를 겨울철만 되면 찹쌀이랑 마늘이랑 꿀이랑 토봉꿀이랑 산에서 치는 거 계속해 줬어요. 기관지 쪽에 좋아요. 보양식이라고 해 주는 거예요. 그거 먹으면 플라세보 효과인지 모르겠는데 진짜 괜찮았고요, 어릴 때부터 제가 냉증이 있었어요. 냉병이라고 하거든요 손발 찬 거. 배도 차고 그러니까 생리현상이 제대로 안 되는 거예요. 아빠가 의사랑 되게 친했거든요. 북한 의사들 되게 유능해요. 한방 양방을 다 하다 보니까. 여긴 되게 기계적이고 시스템적으로 움직여요.

참 1: 북한은 외과 의사들 유명하고, 유능한 의사들이 많아요. 청진기 경험 토대 위에서 해요.

참 4: 체한 거 침으로 한 방에 뚫어요.

참 2: 여기 의사들은 환자 말을 70~80% 듣더라고요. 거기는 의사가 선택을
해요. 권위 있게 정해 주는 거예요.

참 4: 니 가만있으라고 너 의사냐고 그래요. 가만있어요 그럼. 너 여기 아프지,
그래요.

참 1: 그게 습관이 안 돼요. 여기는 환자가 가서 여기 아프고 저기 아프고 말하
잖아요. 거기서는 가만있으라고. 말하려고 하면 니가 의사냐고 그래요.

참 3: 북한은 청진기가 만능검사기예요. 이걸로 다 해요.

참 4: 언젠간 저보고 딱 간염이라고 해요. 맞아요. 간 복수가 이렇게 차오르더
라고요.

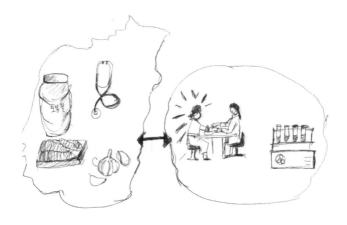

람: 환자는 몸을 다 맡기는 편이네요. (모두 동감)

참 1: 이제야 습관이 돼요.

참 4: 저는 처음에 여기 사람들 이게 의사야, 이렇게 말하면 안 되는데 그랬어요. 문화적 차이인 거예요

참 1: 청진기 하나 두고, 이 사람 숨소리 하나 듣고 맞히는 거예요. 그 없는 속에서.

람: 감기 걸리면 뭐 먹어요?

참 1: 어릴 때 저 깔짝새를 먹었던 거 같아요. 감기약 있어요. 알약이에요. 종합감기약은 아니고, 해열하고 소염 정도요.

참 3: 병원 웬만하면 안 가고. 많이 아프면 가면 폐렴입니다, 그래요. 그럼 어떡해요, 하면 시장 가서 약 사 오세요, 그래요. 장마당 가서 사 오라 그래요.

참 4: 페니실린이 만병통치약이에요. 근데 우리 고모가 약장수예요. 지금은 많이 달라졌어요. UN에서도 많이 지원하고. 지금도 밤에 약 파는 집 가서 문 두드려 약 사고 그래요.

참 1: 저희 어렸을 때 애기들 있잖아요, 무조건 한방약으로 줘요. 사뭇을 많이 먹었지. 양약을 안 줘요. 엑기스예요. 달달했어. 소화제. 기침약 콜라 색깔이에요. 사포닌 도라지에서 추출한 거를 엿이나 꿀에 재운 거예요. 홍삼 달인 거처럼 걸쭉해요. 아이들 기침 들 때 약국에서 주는 거예요.

참 4: 우리 아빠도 그거 해 줬어요.

참 3: 무식한 거 같은데 좋아요.

참 1: 부작용이 없어요. 우리가 북에서 먹던 생강수? 같은 거 있잖아요. 냉에
엄청 좋거든요. 생당수? 약초 이름이에요. 여긴 그런 거 없어요. 쑥인데
가느다란 나무 여러해살이 식물이에요. 싹이 나면 달여 먹어요. 여자들
냉에 엄청 좋아요.

참 4: 북한에서 흔했던 약초들이 여기 한약방 가면 몇백씩 해요. 병원은 확실히
대한민국이 시스템이 좋아요. 환자에 대한 서비스 최고죠. 북한은 의사가
짜증이 나면 환자들한테 막 해대요. 엄청 유명하니까 새벽에도 막 문을
두드려. 또 왕진 가요.

참 3: 처음 왔을 때 혼란스러워요. 북한은 청진기 해 보고 폐렴입니다. 끝이에
요. 여긴 진료 보는 날, 피검사하는 날, 검사 보러 가야 되고 답답해요. 거
기도 피검사 며칠 걸리지만 간단해요.

참 1: 여긴 피를 많이 뽑아 아까워요. 얼마 전 5통. 처음에는 미쳤냐. 나와 가지
고 피를 한 사발 뽑는다 그랬죠! 그렇게 많이 뽑아본 적이 없어요. 거긴
해 봤자 페니실린 약병 요만한 거 뽑아요. 그러니까 여기 와서 야, 이 피
뽑아서 뭐 하니? 그랬죠.

참 4: 처음에는 아까운 피를 왜 저래 뽑지? 애 낳을 때 그랬어요. 무슨 피를 이
렇게 많이 뽑아요? 이러다 사람 빈혈이 오는 거 아니에요.

참 3: 처음에 막 피 팔아먹는 거 아니냐고 그랬어요. (모두 공감)

내 몸 누가 챙기겠소!

참 1: 오래 앉아 있으려고 (복대로)허리를 딱 묶고 왔잖아. 여기 프로그램에.

람: 아, 복대로. 디스크 참 고통스러운데요….

참 1: 네. 안 그러면 퍼져 가지고 아프지. 이제 한계가 된 거 같아서 병원을 큰 병원을 옮겼지. 그래서 ○○병원을 갔더니 치료 그렇게 받았는데도 안 나니까 MRI를 찍어 봅시다, 그러더라고. 그래서 그렇게 해서 날짜를 잡았지.

람: 근데 어떻게 주로 전에는 집에 혼자 있곤 하셨다고 하셨는데 어떤 계기로 바뀌셨어요?

참 1: 조금 몸이 나아지니깐. 아프던 몸이 나아지니깐. 맨날 고혈압으로 머리 아프고 계속 잠 못 자고 그때는 너무 아팠어. 근데 조금 나아지고 병원도 바꿨어. 한 병원에서 계속 다녔더니 국립의료원 그 먼 곳을 다녔는데 거기 뭐 별거 없어. 약만 지어주고 먹고 있었더니 안 되겠더라고. 그래서 바꿨지. 한 고개 넘겼더니 또 안 나아지는 거야. 한 병원에서 계속 신경치료 맞아도 안 좋으니깐. 이거 어떡하지 이러더라고. 그래서 내가 속으로 '아, 한계가 왔구나.' 생각했지. 그래서 동네 병원 뭐 입원실도 없고 CT만 찍을 수 있는 정도인 병원이었지. 그래서 큰 병원으로 갔지.

람: 그럼 병원을 바꿔봐야지 하는 건 내가 생각해 보고 의지를 가지고 선택한 거고, 병이 안 나아지니깐 바꿔봐야지 생각하고….

참 1: 그게 나를 위한 거잖아.

향수병날 때 고향 음식

람: 마실이라고 하잖아요, 그걸.

참 1: (북한에서)우리는 마을돌이라고 했어. 마을 돌아가면서 논다고.

람: 이름 이쁘네요. 마을돌이.

참 1: 거기는 부부가 되면 여자가 부양자로 들어가요. 남자가 세대주가 되고 세대주는 일 나가고 부양자는 가정 집안일하고. 거기는 맞벌이가 없어. 드물어. 아마 50집에 2~3집 있을까? 그 정도로 맞벌이가 없어. 그렇게 그냥 사는 거야. 살림하고 노니깐. 국가밥 먹고 밥숟가락 들 수 있는 사람이면 다 나오라 그래. 도로가 끊겼어. 장마에 비가. 그러면 양쟁이랑 호미 들고 길을 메꿔야 해. 근데 그게 정부에서 와서 하는 게 아니야. 그냥 거기서 마을 사람들이 다 가마니에 흙을 담고 하는 거야. 그걸 총동원이라고 해. 물론 무보수로 하는거지. 여기서 그걸 하면 돈을 주잖아. 근데 거기선 다 나와서 모내기 할 때는 다 농촌으로 보내지고 그러지.

참 2: 학생도 보내요.

람: 그러니깐 그냥 과제 주는 거 하고 직장 가고, 나무 때서 밥해 먹고 정리하고 그런 일상이네요.

참 1: 그니깐 한마디로 하면 국가를 위해서 충성했어. 나를 위해서.

람: 아, 그렇군요. 그런데 여기 와서 보니깐 조금 다르고 그래요?

참 1: 조금이 아니지. 많이 다르지. 나를 우선 바꿔야겠다는 생각이 들고요. 그리고 거기선 어둡게 살았잖아, 웃음도 없고. 항상 그렇게 살았는데. 여기서는 맨날 웃을 일인데. 웃을 사람이 없어 같이. 여기는 또. 그래도 나는 같이 나온 사람이 많아요. 총무를 했기 때문에 귀에는 다 연결이 돼 있어요.

람: 그렇군요. 하나원에서는 어땠어요?

참 1: 하나원에서 기수가 많아요. 한 기수당 80명인가? 그리고 자유시민대학에서 내가 총무를 했어. 거기 있던 40~50명 있던 사람들 드문드문 톡으로 연락하고 주기적으로 만나는 시간도 있고…. 근데 외롭지. 사람들이 없으면.

람: 그렇죠. 사람들 만나서 벚꽃놀이도 가고 그러면 좋은데. 참 놀거리 많은데요….

참 1: 고향의 향수를 즐기면서 거기서 먹던 음식도 해 먹고. 그런 약속이 한 해 한 번씩 있어요.

람: 하나원 동기들하고요?

참 1: 네. 동기들하고. 그 동기들 모임에 누구 하나 섞였어. 그러면 그 사람 통해서 그 사람들이 친구들이 있을 거 아니에요. 그러면 범위가 더 넓어지고…

람: 그럼 어디서 만들어 먹는 거예요?

참 1: 그냥 집에서 만들어 먹죠. 그래서 방바닥에 신문지 깔고 지글지글 볶으면 사람들 쭉 앉아서….

람: 주로 뭘 해서 드시는 거예요?

참 1: 그냥 뭐 국수, 떡, 순대 여러 가지 해 먹어요. 둥글게 모여서.

람: 정말 좋은 거 같아요. 어떤 분이 북한 만두 쌀피로 만들어서 그거 너무 먹고 싶은데 같이 먹을 사람이 없다고 집에 놀러 오라고 해서 간 적이 있거든요.

참 1: 그 쌀가루. (웃음)

참 2: 예예. 그 쌀호빵. (웃음)

참 1: 그거 진짜 맛있어.

람: 진짜 맛있더라고요. 쌀피에 김치 볶은 거랑 고기랑 섞어서 넣어서 쪄요. 저도 한 어머니가 초대해 주셔서 먹어봤거든요.

참 2: 여기는 그 야채찐빵 있잖아요.

람: 네 맞아요. 떡 같아요. 하나만 먹어도 배부를 거 같다니깐. 거기서는 이날만 기다렸다는 거예요. 하루만 이거를 해서 먹었기 때문에 그게 너무 그리웠다는 거예요. 그러니깐 사실 그 음식이 먹고 싶은 게 아니라 그리움이 담겼잖아요. 음식에.

참 2: 그죠. 맞아요. 그 고향을 추억하잖아요.

마음껏 골라보는 티브이

람: 좋아하는 프로그램이 있어요?

참 2: 좋아하는 프로그램….

람: 그냥 뭐 다큐멘터리라든지.

참 2: 네. 다큐멘터리 좋아해요.

람: 사람 사는 거 그런 거 좋아하시네요.

참 1: 나는 그 〈자연인이다〉 좋아해요.

람: 사람들 살아가는 모습도 볼 수 있으니까 재밌죠?

참 2: 네, 자연에서 사는 거 보고 나랑 비교해 보기도 하고. 사람 사는 거 보는
    게 재밌지.

람: 텔레비전은 너무 좋은 친구 같아요. 나는 이렇구나 저 사람은 저렇구나 볼
    수 있고요. 편하게 집에서요. 돈도 안 들고….

참 1: 힐링도 되고, 그 사람 들어가는 산속에 내가 들어가는 거 같고. 그래 가지
    고 그게 진짜 좋아.

참 2: 진짜 좋아요.

람: 고향(북한)은 어때요?

참 1: 조선족네 방송입니다.

람: 티브이가 하나만 나온다고 들었는데. 맞아요?

참 1: 네, 그거 하나만 나오고 지방방송 하나 나와요.

람: 어우. 너무 재미없을 거 같아요.

참 1: 재미없어. 계속 정치적으로 발전하자. 당과 수령을 위해서 목숨을 바치자.

람: 맨날 그런 이야기 나오는 거예요?

참 2: 네. 맨날 똑같아요. 거기는.

람: 근데 요즘 친구들은 한국 드라마 많이 보던데요?

참 2: 우리 때는 아니었어요.

참 1: 그땐 그런 거 없었어.

람: 진짜 텔레비전만 봐도 너무 남북이 다르네요. 그죠?

참 2: 하늘과 땅 차이에요. 여기는 너무 많아서 걱정입니다. (웃음)

뭐라도 기부해보소!

참 1: 아, 우리는 진짜 잘 사는구나 그런 생각이 가끔 들어. 적십자에 난 기부를 해요. 후원 조금씩 하는데. 다른 지원하라는 거는 나는 못 해도. 뭐라도 해야지 않나 싶어요.

참 2: 한국도 힘든 사람이 엄청 많아요.

참 1: 어려운 사람들이 많아서 그래도 우리는 좀 낫지 않은가. 그런 생각 들어 가지고 남들 돕고 싶고 그래요. 우리 친구들도 어렵게 사는 친구들 있어 요. 아이들 돌보거나 일 못 하는 사람들 있잖아. 진짜 우리 시집에서 시동 생들이 돈으로 옷을 사서 줘요. 그래서 그걸 모아서 주변에 주기도 하고 그래요.

참 2: 우리 동네 아파트 4층에 사는 사람 있는데 지금 생각나요. 그 아줌마가 장사하고 남은 옷이나 입던 옷이 있거든요. 자기네들이 입던 옷 중고 옷 을 한 보따리를 전부 나눠주더라고요. 나도 그거 한번 받아봤으면 좋겠 다 했어요. 그래서 누군가 나한테 준다고 하면 아니야 싫어, 이렇게 거절 하지 않아요. 필요 없어도 받아서 또 내 주변에 필요한 사람한테 줘요. 정 필요 없으면 수거함에 넣어요. 입던 옷도 나눠주고.

연: 그 마음이 참 고마운 거죠.

참 1: 나도 이제 그런 거 나눠주는데 3박스가 나온 거야. 무거워서 구르마 끌고 착불로 부쳤어. 보내는 데 3만 원이 나왔어. 그래서 전화를 했지. 많이 나 올 줄 알고 착불로 했는데 창피하다 했지. 내가 입다 입기 싫은 거 있으면 나눠주고 그래요.

‖ 참고문헌

강동완(2018), "북한이탈주민의 사회 적응과 정착 지원 방안", 『정치정보연구』, 21권 2호, 185-205쪽.

강차연(2006), "중국 내 거주 탈북 여성들의 스트레스 대처방식과 정신건강 간의 관계", 『여성연구논총』, 21권, 39-53쪽.

권지혜 · 김민영(2020), "임금근로자의 주관적 건강상태가 우울에 미치는 영향: 조직 내 지각된 고용 안정성의 조절효과", 『2020 제74차 한국심리학회 연차학술대회 자료집』, 148쪽.

김미령(2005), "북한이탈 주민들이 인지한 적응의 어려움과 극복자원이 우울성향에 미치는 영향 - 남성과 여성의 비교", 『정신보건과 사회사업』, 20권, 95-124쪽.

김미자(2010), "북한이탈여성의 외상 경험에 관한 연구", 『임상사회사업연구』, 7권 1호, 1-18쪽.

김상옥(2020), "북한이탈주민의 외상경험과 심리적 안녕감의 관계에서 외상후스트레스장애의 매개효과", 『정서 · 행동장애연구』, 36권 4호, 201-218쪽.

김연희(2004), "제1분과: 북한이탈주민의 정신보건을 위한 서비스 전달체계에 관한 연구", 『비판과 대안을 위한 사회복지학회 학술대회 발표논문집』, 71-104쪽.

김재엽 · 류원정 · 김지민(2014), "탈북여성의 생활사건스트레스와 우울에 관한 연구-외상경험의 조절효과", 『한국가족복지학』, 46권, 85-107쪽.

김재엽 · 최권호 · 채지훈 · 황현주(2013), "탈북여성의 일상생활 스트레스가 자살 생각에 미치는 영향과 사회적 지지의 조절효과", 『사회복지연구』, 44(2), 33-56쪽.

김정근 · 전호성 · 한은희 · 서지현(2020), "탈북민 취약계층 (생계 · 의료) 지원 현황분석 및 효과적 지원방안",『연구총서』, 1-208.

김종남 · 최윤경 · 채정민(2008), "CES-D와 로샤검사를 통해 본 북한이탈주민의 우울감",『한국심리학회지 사회문제』, 14권 2호, 41-61쪽.

김중백(2018), "당신의 정신건강은 안녕하십니까: 정신건강, 내면의 또 다른 힘",『국방정신전력총서』, 7권, 5-103쪽.

김희경 · 신현균(2010), "지역사회 정착 전후 북한이탈주민의 성 및 연령별 심리 증상",『한국심리학회지 일반』, 29권 4호, 707-724쪽.

남북하나재단(2022),『2022 북한이탈주민 정착실태조사』.

문숙재 · 김지희 · 이명근(2000), "북한 여성들의 탈북동기와 생활실태-중국 연변지역의 탈북 여성들을 중심으로",『대한가정학회지』, 38권 5호, 137-152쪽.

문옥륜(2005), "북한의 보건의료 현황과 욕구",『보건복지포럼』, 2005(6), 17-27쪽.

문진영 · 강상준(2020), "근로빈곤층의 우울에 영향을 미치는 요인 연구-성별에 따른 소득 · 건강 · 주거 및 노동과 음주 요인에 대한 위계적 회귀분석",『생명연구』, 55권, 79-107쪽.

박경숙(2012), "북한 사회의 국가, 가부장제, 여성의 관계에 대한 시론",『한국이론사회학회』, 21권 2호, 328-376쪽.

백영옥(2002), "중국 내 탈북 여성실태와 지원방안에 관한 연구",『북한연구학회보』, 6권 1호, 241-264쪽.

서울대학교 의과대학 통일의학센터 외 공저(2019),『북한 보건의료 백서』.

손지혜 · 배고은 · 한기덕 · 윤인진(2021), "완경기 탈북 여성의 건강관리 실태에 관한 탐색적 연구",『통일과 평화』, 13(2), 375-432

쪽.

송나경(2020), "1인 가구의 세대별 특성과 우울 영향", 『인문사회21』, 11권 4호, 405-420쪽.

신희영 · 이혜원 · 안경수 · 전지은(2016), "김정은 시대 북한 보건의 료체계: 동향전달체계와 조직체계를 중심으로", 『통일과 평화』, 8(2), 181-211쪽.

엄태완 · 이기영(2004), "북한이탈 주민의 우울과 사회적 문제해결능 력 및 사회적 지지와의 관계", 『정신건강과 사회복지』, 18권, 5-32쪽.

연성진(2018), "북한이탈주민 탈북과정에서의 인신매매범죄 피해실태 에 관한 탐색적 연구", 『형사정책연구원 연구총서』, 1-230쪽.

유정원 · 송인한(2016), "임금근로자의 고용의 질이 우울에 미치는 영 향", 『정신보건과 사회사업』, 44권 1호, 106-133쪽.

윤여상(2001), 『북한이탈주민의 적응과 부적응』, 대구: 도서출판 세명.

이새롭(2003), "북한이탈 여성의 남한사회 조기정착 방안", 『민주 평화 통일 자문회의 여성분과위원회 회의 자료』.

이세정 · 손희두 · 이상영(2011), 『남북한 보건의료분야 법제통합 방 안』, 통일부, 한국법제연구원, 98-10.

이수형 외(2018), "북한이탈주민의 건강증진을 위한 통합적 지원 체계 화 방안", 『경제 · 인문사회연구회 협동연구총서』, 정책보고서.

전우택(1999), "남한에 있는 탈북자들의 심리적 갈등구조 및 그에 대 한 해결방안", 『통일연구원 학술회의총서』, 40-64쪽.

전우택(2000), "탈북자들과 보호경찰관들의 인간관계에 대한 분석: 보 호경찰관들을 대상으로 한 설문조사를 중심으로", 『통일연구』, 4권 1호, 21-64쪽.

정서연 · 주우찬 · 조재현 · 안경수 · 이혜원 · 최성호 · 정회인(2020),

『북한 보건의료전략의 분석과 치과 분야에서의 적용 현황 고찰』.

정슬기 · 김지선(2021), "한국 성인의 우울을 예측하는 사회적 결정요인",『정신건강과 사회복지』, 49권 1호, 229-258쪽.

정유석(2022), "북한 보건의료 체계의 한계와 남북 협력방안",『Journal of North Korea Studies』, 8(1), 135-164쪽.

조영아 · 전우택(2005), "탈북 여성들의 남한 사회 적응 문제: 결혼 경험자를 중심으로",『한국심리학회지: 여성』, 10권 1호, 17-35쪽.

조영아 · 김연희 · 유시은(2009), "남한 내 7년 이상 거주한 북한이탈주민의 정신건강 예측요인",『한국심리학회지: 상담 및 심리치료』, 21권 1호, 329-348쪽.

채정민 · 김종남(2004), "북한이탈주민의 상대적 박탈감과 심리적 적응: 개인적 정체감과 사회적 정체감의 영향을 중심으로",『한국심리학회지: 사회 및 성격』, 18권 1호, 41-63쪽.

최현실(2011), "탈북여성들의 트라우마와 한국사회 정착지원에 관한 현상학적 연구",『여성학연구』, 20권 1호, 161-204쪽.

통일부(2020),『2020 북한이탈주민 정착지원 실무편람』.

통일부(2022),『2022 통일백서』.

한나영 · 이소희 · 유소영 · 김석주 · 전진용 · 원성두 · 신미녀(2015), "북한이탈주민진료센터 정신건강의학과를 내원한 북한이탈주민에서 외상 후 스트레스장애와 사회 적응 및 삶의 질 관계",『신경정신의학』, 54권 1호, 105-111쪽.

한소희(2018), "북한이탈여성의 피임인식 및 피임교육의 필요성: A study on the perception of contraception and the necessity of contraception education of North Korean defector women."

Baker, E., Pham, N. T. A., Daniel, L., and Bentley, R.(2020), "New evidence on mental health and housing affordability in cities: A quantile regression approach", Cities, 96, pp.102-455.

Bryant, T.(2009), An introduction to health policy. Canadian Scholars' Press.

Compton, M. T., and Shim, R. S.(2015), "The Social Determinants of Mental Health", Focus, 13(4), pp.419-425.

Fisher, M., and Baum, F.(2010), "The social determinants of mental health: implications for research and health promotion", Australian & New Zealand Journal of Psychiatry, 44(12), pp.1057-1063.

Hoebel, J., Maske, U. E., Zeeb, H., and Lampert, T.(2017), "Social inequalities and depressive symptoms in adults: The role of objective and subjective socioeconomic status", PLoS ONE, 12(1), pp.1-18.

Kim, H. H., Lee, Y. J., Kim, H. K., Kim, J. E., Kim, S. J., Bae, S. M., and Cho, S. J.(2011), "Prevalence and correlates of psychiatric symptoms in North Korean defectors", Psychiatry investigation, 8(3), p.179.

Lee, Y., Lee, M. K., Chun, K. H., Lee, Y. K., and Yoon, S. J.(2001), "Trauma experienc of North Korean refugees in China", American journal of preventive medicine, 20(3), pp.225-229.

Lee, Y. J. G., Jun, J. Y., Lee, Y. J., Park, J., Kim, S., Lee, S. H., ⋯ and Kim, S. J.(2016), "Insomnia in North Korean refugees: association with depression and post-traumatic stress symptoms", Psychiatry investigation, 13(1), p.67.

Marmot, M. and Wilkinson, R.(Eds.)(2005), Social determinants of health, Oup Oxford.

Maslow, A.(2009), Motivation and personality (HK Oh, Trans.). Paju: Ligilio.(Original work published in 1954).

McEwen, B. S.(2002), "The neurobiology and neuroendocrinology of stress. Implication for post traumatic stress disorder from a basic science perspective", Psychiatric Clinics of North America, 25, pp.469-494.

McGregor, B. S., and Holden, K. B.(2015), "Unemployment, underemployment, and job insecurity", In Compton, M. and Shim, R. (Eds.), The Social Determinants of Mental Health, Arlington: APA Publishing.

Osafo Hounkpatin, H., Wood, A. M., Brown, G. D. A. et al.(2015), "Why does income relate to depressive symptoms? Testing the income rank hypothesis longitudinally", Social Indicators Research, 124, pp.637-655

Piccinelli, M., and Wilkinson, G.(2000), "Gender differences in depression Critical review", The British Journal of Psychiatry, 177(6), pp.486-492.

Pumariega. A. J., Rothe. E., and Pumariega. J. B.(2005), "Mental health of immigrants and refugees", Community Mental Health Journal, 41(5), pp.581-597.

Riolo, S. A., Nguyen, T. A., Greden, J. F., and King, C. A.(2005), "Prevalence of depression by Race/Ethnicity: Findings from the National Health and Nutrition Examination Survey III", American Journal of Public Health, 95(6), pp.998-1000.

Suglia, S. F., Chambers, E., and Sandel, M. T.(2015), "Poor housing quality and housing instability", In Compton, M. and Shim, R(Eds.), The Social Determinants of Mental Health, Arlington: APA Publishing.

Wilkinson, R., and Pickett, K.(2019), The Inner Level, 이은경 역, 『불평등 트라우마』, 서울: 생각이음.

Zimmerman, F. J., and Katon, W.(2005), "Socioeconomic status, depression disparities, and financial strain: what lies behind the income-depression relationship?", Heath Economics, 14, pp.1197-1215.

○ 저자소개

글

전주람 (Jun Joo Ram) ramidream01@uos.ac.kr

1979년 서울에서 태어났으며, 성균관대학교 가족학(가족관계 및 교육, 가족문화)
으로 박사학위를 최종 취득하였다. 서울시립대학교 교육대학원 교수학습 · 상담심
리 연구교수로 2017년 7월부터 2019년 6월까지 재직했으며, 현재는 서울시립대
학교 교직부 소속으로 〈심리검사를 활용한 심리치료〉, 〈심리학의 이해〉를 가르치
고 있다. 아울러 서울가정법원 상담위원으로 2014년부터 최근까지 활동 중이며,
2022년부터는 통일부 통일교육위원으로 활동하고 있다. 지속적인 연구 관심사로
는 가족관계, 부부회복, 문화갈등, 남북사회문화 등이 있다. 주요 논문으로는 「50
대 부부갈등을 겪는 중년 부부의 변화유발요인과 호르몬 변화에 관한 가족치료 사
례연구」(단독), 「20대 이혼을 결심한 신혼기 부부에 관한 가족치료 사례연구」(단
독), 「북한이주민과 근무하는 남한사람들의 직장생활 경험에 관한 혼합연구」(공
저) 등이 있으며, 저서로는 『절박한 삶』(공저, 2021년 서울대학교 다양성위원회
선정도서), 『21세기 부모교육』(공저, 2023년 세종도서 학술부문 선정도서), 『북한
이주민과 정체성 내러티브』(공저, 2024), 『북쪽 언니들의 강점 내러티브』(공저,
2024) 등이 있다. 등이 있다. 2016년 KBS 〈생로병사의 비밀: 뇌의 기적〉 600회 특
집에 부부상담사로, 2021년 KBS 〈통일열차〉 일요초대석에 출연하였다.

배고은 (Bae Go Eun) yscarpediem@korea.ac.kr

간호학을 전공한 후 11년간 임상간호사로 일하며, 과로 죽음과 관련된 노동자의
업무환경과 건강과의 연관성을 파헤치고자 사회학을 공부하게 되었다. 고려대학
교 사회학과에서 의료사회학으로 박사학위를 받았다. 박사학위 논문은 「강제된 감
정노동과 감정부조화: 대형병원 간호사에 대한 질적연구」로 강제된 감정노동과 감
정부조화가 발생하는 상황이 어떻게 조성되었는지 사회적 · 조직적 · 제도적 맥락
에서 탐색하고, 과도한 감정노동을 야기하는 요인에 집중하여 살펴보았다. 결과적

으로 간호사의 감정노동을 위계적 분위기, 상호작용, 심리적 특성, 업무 강도에 따라 4가지 차원으로 개념화하여 이해하고자 하였다. 현재 국방정신전력원의 전문 연구원으로 군 장병들의 전장심리 및 전투 스트레스 관리와 정신건강 증진을 위한 연구를 담당하고 있다. 주요 관심 분야는 북한이탈여성, 정신건강, 감정노동, 노동환경, 노동자 건강, 사회적 취약계층 건강이다. 주요 논문으로는 「코로나19의 장기화가 노인의 일상생활에 미치는 영향에 대한 탐색적 연구: 노인복지관 이용자를 중심으로」(단독), 「완경기 탈북 여성의 건강관리 실태에 관한 탐색적 연구」(공저)가 있으며, 저서로는 『그리고 우리가 남았다』(공저, 2021년 세종도서 교양부문 선정)가 있다.

손지혜 (Son Ji Hye) mmsbacar@naver.com

서울에서 태어났으며, 고려대학교 사회학과에서 국제 이주 및 다문화로 박사학위를 받았다. 연세대학교 외국어학당에서 스페인어를 가르치고 있으며, 고려대학교 아세아문제연구원 아시아이주센터 연구위원으로 위촉되었다. 박사학위 논문은 「재외한인 차세대의 거주국 사회통합 비교연구: 브라질과 아르헨티나를 중심으로」이며, 주 관심사는 재외동포, 이민자 사회통합, TCK, 북한이탈주민 여성, 종족 비즈니스, 여성 이민자이다. 주요 논문으로는 「이민 1.5세 여성의 재이주를 통한 자아실현과 '나'로서의 인생 살아가기」, 「완경기 탈북 여성의 건강관리 실태에 관한 탐색적 연구」(공저), 「귀환 재외동포와 동포 지원정책에 대한 국민인식」(공저), 「베네수엘라 난민 사태 이후 브라질 난민정책의 변화」(공저) 등이 있다. 라틴아메리카의 여러 국가에 거주하면서 여성, 이민자, 불평등, 송금에 대해 관심을 갖게 되어 사회학을 통해 궁금증을 해결하는 중이다.

그림

배진영 (Bae Jin Young) totn0@naver.com

1982년생으로 전에는 간호사로 생활했으나 현재는 유치원생 딸을 돌보고 있는 엄마로 살아가는 중이다.

북한이주민과 건강 내러티브

초판인쇄 2024년 4월 30일
초판발행 2024년 4월 30일

지은이 전주람 · 배고은 · 손지혜
그림 배진영
펴낸이 채종준
펴낸곳 한국학술정보(주)
주 소 경기도 파주시 회동길 230(문발동)
전 화 031-908-3181(대표)
팩 스 031-908-3189
홈페이지 http://ebook.kstudy.com
E-mail 출판사업부 publish@kstudy.com
등 록 제일산-115호(2000. 6. 19)

ISBN 979-11-7217-295-4 95330
값   11,900원